Anforderungsmanagement kompakt

Werke der „kompakt-Reihe“ zu wichtigen Konzepten und Technologien der IT-Branche:

- ermöglichen einen raschen Einstieg,
- bieten einen fundierten Überblick,
- sind praxisorientiert, aktuell und immer ihren Preis wert.

Bisher erschienen:

- Heide Balzert
  UML kompakt

- Andreas Böhm / Elisabeth Felt
  e-commerce kompakt

- Ralf Westphal
  .NET kompakt

- Christian Bunse / Antje von Knethen
  Vorgehensmodelle kompakt

- Pascal Mangold
  IT-Projektmanagement kompakt

- Thilo Rottach / Sascha Groß
  XML kompakt: die wichtigsten Standards

- Andreas Engel / Arne Koschel / Roland Tritsch
  J2EE kompakt

- Michael Kuschke / Ludger Wölfel
  Web Services kompakt

- Holger Dörnemann / René Meyer
  Anforderungsmanagement kompakt

- Andreas Essigkrug / Thomas Mey
  Rational Unified Process kompakt
  erscheint im Juli 2003

Holger Dörnemann / René Meyer

Anforderungs-management kompakt

mit Checklisten

Spektrum Akademischer Verlag Heidelberg · Berlin

Autoren:
Holger Dörnemann
René Meyer
Rational Software GmbH
Postfach 10 16 60
40836 Ratingen

e-mail: hdoernemann@rational.com
rmeyer@rational.com

Bibliografische Information Der Deutschen Bibliothek
Die Deutsche Bibliothek verzeichnet diese Publikation in der Deutschen Nationalbibliografie; detaillierte bibliografische Daten sind im Internet über http://dnb.ddb.de abrufbar.

ISBN 3-8274-1447-4

Lektorat: Dr. Andreas Rüdinger / Barbara Lühker
Herstellung: Katrin Frohberg
Satz: Hagedorn Kommunikation, Viernheim
Druck und Verarbeitung: Druckerei Bitsch GmbH, Birkenau

Vorwort

„Qualität ist die Gesamtheit von Merkmalen einer Einheit bezüglich ihrer Eignung, festgelegte und vorausgesetzte Erfordernisse zu erfüllen." – dies ist die Definition des Begriffes Qualität gemäß ISO 8402. Allein diese Definition zeigt den Stellenwert, den Anforderungsmanagement (nicht nur in Softwareprojekten) haben sollte. Denn Anforderungen sind genau die festgelegten und vorausgesetzten Erfordernisse, denen das Endprodukt letztendlich genügen muss. Oder anders ausgedrückt: Die Qualität eines Produktes definiert sich über das Erfüllen von Anforderungen, die ein Auftraggeber definiert hat. Mithin lässt sich Qualität nicht in ein Softwareprodukt hineindefinieren oder gar hineintesten, wie heutzutage immer noch allzu oft propagiert wird. Qualität in der Softwareindustrie steht und fällt mit der Qualität, in der Anforderungen erfasst und behandelt werden.

Die in den Ingenieurswissenschaften weit verbreitete Methode *Quality Function Deployment (QFD)* spricht in diesem Zusammenhang von einer vorbeugenden Qualitätssicherung, in der es vor allem darauf ankommt, Kundenanforderungen von technischen Lösungsmerkmalen zu trennen, also das *WAS* von dem *WIE*. Ein Konzept, das nicht zuletzt auch durch objektorientierte Ansätze und Use-Case-Spezifikationen Einzug in die IT-Welt gehalten hat.

Auch wenn Qualität gerade in der Softwareindustrie immer größere Bedeutung erlangt, sehen wir in der Praxis unzureichendes oder gar nicht existierendes Anforderungsmanagement. Das Pferd von hinten aufzuzäumen und durch Qualitätskontrollverfahren das Problem mangelnder Qualität in den Griff zu bekommen, halten wir für ebenso verkehrt wie nicht praktikabel. Ein deutsches Sprichwort sagt: *„Der Fisch fängt vom Kopf her an zu stinken."* Ebenso verhält es sich mit Projekten: Wenn mit Anforderungen nicht von Anfang an systematisch und sauber umgegangen wird, rächt sich dieses in späteren Projektphasen mehr oder weniger deutlich.

In dem vorliegenden Buch möchten wir Ihnen Mut machen, Anforderungsmanagement nicht als lästiges Projektbeiwerk zu verstehen, sondern als ständigen Begleiter, eine Versicherung gegen nicht ausgesprochene „Basisanforderungen", vage, nicht messbare Kundenspezifikationen und andere Dinge, die alle implizit wissen (und für selbstverständlich halten), aber niemand richtig explizit fassen kann und will. Denn dies sind aus unserer Erfahrung heraus genau die Aspekte, die im späteren Projektverlauf (unnötigerweise) Zeit und Geld kosten.

Wir orientieren uns in diesem Buch an dem De-facto-Standard *Rational Unified Process* (RUP), um Ihnen anhand der Disziplin „*Requirements Management*" kompakt und praxisorientiert den Einstieg in die Materie zu ermöglichen. Mit freundlicher Genehmigung von Rational Software verwenden wir geschütztes Material aus dem Rational Unified Process®, um die grundlegenden Prinzipien zu erläutern.

Kompakt bedeutet auch, dass das vorliegende Werk keinen Ersatz für Standardliteratur aus dem Bereich Requirements Engineering darstellen will und kann. Wir empfehlen Ihnen als Leser einen Blick in die Literaturreferenzliste, um bestimmte Aspekte zu vertiefen.

Viel Spaß beim Lesen und bei dem Mut, endlich Anforderungsmanagement in Ihren Projekten ein- und durchzusetzen, wünschen

Holger Dörnemann René Meyer

Inhalt

Einführung

Wenn in Projekten von Anforderungen gesprochen wird, muss sichergestellt werden, dass alle Projektbeteiligten auch wissen, was eine Anforderung ist bzw. welche Eigenschaften Anforderungen haben. Deshalb wollen wir die Begriffe Anforderung und Anforderungsmanagement genauer definieren.

Eine **Anforderung** ist eine bestimmte Bedingung, Eigenschaft oder Fähigkeit, die ein System erfüllen soll. Anforderungen können sich damit auf Software- und Hardwareanforderungen eines Systems beziehen. In einem Homebankingprogramm ist z. B. die sichere Übertragung der Kundendaten im Internet über verschlüsselte Kommunikation eine wesentliche Anforderung, die Einfluss auf die Implementierung der Software hat. Die gleiche Anforderung kann aber auch die Systemtopologie und die verwendete Hardware betreffen, wenn z. B. ein Chipkartenleser beim Anwender eingesetzt werden soll.

Bei der Durchführung eines Projekts ist es sehr wichtig, den Überblick über die gestellten Anforderungen nicht zu verlieren. Die Gefahr dafür ist sehr groß, da Anforderungen sich aus vielfältigen Quellen ergeben und oft nicht einheitlich erfasst bzw. qualifiziert werden. Zwar werden in vielen Projekten Pflichtenhefte eingesetzt, um die Kundenanforderungen schriftlich zu dokumentieren, dennoch ist es oft so, dass ein erheblicher Teil der Anforderungen nur im Kopf bestimmter Projektbeteiligter oder im Quellcode des Systems verborgen ist. Auch haben wir mit Medienbrüchen zu kämpfen, d. h. Anforderungen sind auf verschiedene Dokumente, Handbücher, Modelle oder Notizzettel verteilt, anstatt sie einheitlich mit einem bestimmten System zu erfassen und zu verwalten.

Es gibt zahlreiche Untersuchungen, warum Projekte scheitern. So ermittelt z. B. die *Standish Group* in regelmäßigen Abständen diese Fragestellung in ihrer bezeichnenderweise *„Chaos-Report“* genannten Studie:

unvollständige Anforderungen	13 %
unzureichende Einbeziehung der Anwender	12 %
fehlende Ressourcen	11 %
unrealistische Erwartungen	10 %
fehlende Managementunterstützung	9 %

Änderungen der Anforderungen	9 %
mangelhafte Planung	8 %
nicht mehr benötigte Features	8 %
Sonstiges	20 %

Alles in allem lassen sich demnach rund 60 % der Scheiterungsgründe auf Probleme mit Anforderungsmanagement zurückführen.

Betrachtet man Anforderungen aus der Anwendersicht, ergibt sich ein fast noch dramatischeres Bild: Wenn man nur 0,1 % Fehler in den Qualitätsanforderungen zulässt, bedeutet dies (Quelle: Vorlesung Software-Engineering, Prof. Dr. Zimmermann, Universität Halle):

pro Jahr	20.000 fehlerhafte Medikamente
	300 versagende Herzschrittmacher
pro Monat	500 Fehler bei Operationen
pro Tag	16.000 verlorene Briefsendungen
	18 Flugzeugabstürze
pro Stunde	22.000 nicht gebuchte Schecks

Sie sehen: Das Zulassen einer Fehlerrate von 0,1 % ist eine Qualitätsanforderung, die in vielen Bereichen des täglichen Lebens nicht zulässig ist. Wie sieht es mit Fehlern und der Qualität von Softwaresystemen aus?

Als **Anforderungsmanagement** wollen wir einen Geschäftsprozess bezeichnen, der es ermöglicht, einen systematischen Ansatz im Projekt zu etablieren, um Anforderungen

- zu identifizieren,
- zu organisieren,
- zu dokumentieren, und
- um diese in der Praxis verwalten und beherrschen zu können.

Allgemeine **Ziele** eines erfolgreichen Anforderungsmanagements sind:

- Einheitliche und zentrale Verwaltung aller Anforderungen.
- Kommunikation der Anforderungsstrukturen und des Erfassungsprozesses.
- Unterstützung der Projektplanung durch Metriken.
- Erzielen einer ständigen Übereinkunft zwischen Auftraggeber und Auftragnehmer über die Anforderungsgegenstände.
- Qualität der Ergebnisse erhöhen.

Aus diesen Zielen wird deutlich, dass Anforderungsmanagement eine Disziplin ist, die nicht nur einzelne Personen oder Rollen wie z. B. einen Projektleiter angehen, sondern übergreifend alle betrifft, die direkt oder indirekt an einem Projekt mitarbeiten. Daraus resultieren unterschiedliche Detailebenen und Klassifikationen von Anforderungen (Grobplanung, Technik, Feinplanung, Funktionalität, Richtlinien etc.). Ausschlaggebend sind die unterschiedlichen Blickwinkel, mit denen die Beteiligten auf das Projekt sehen.

Ein Endanwender oder Auftraggeber hat bestimmte Wünsche und Vorstellungen, wie mit dem System gearbeitet werden soll. Daraus leitet er gewisse Anforderungen, nämlich seine Kundenanforderungen, ab. Ein Verantwortlicher für die IT-Infrastruktur möchte gern, dass existierende Hard- und Software weitergenutzt wird und formuliert technische Anforderungen. Ein Systemanalyst wiederum wird UML-Anwendungsfälle benutzen, um die funktionalen Anforderungen zu beschreiben. Schließlich wird ein Softwarearchitekt ein gut wartbares und skalierbares System wünschen und Architekturanforderungen formulieren.

Beispiele für **Anforderungsarten** sind:

- Wünsche und gewünschte Eigenschaften des Endanwenders (häufig als „*Needs*“ bezeichnet).
- Marktanforderungen (Marktanalysen, Wettbewerbsprodukte).
- Anforderungen an die einfache Nutzbarkeit des Systems.
- Technische Spezifikationen und Normen, die einzuhalten sind.
- UML-Anwendungsfälle (Use Cases).
- Systemanforderungen hinsichtlich Skalierbarkeit und Ausfallsicherheit.
- Dokumentationsanforderungen.
- Auswahl der Entwicklungsumgebung und Programmiersprache bzw. Infrastruktur.

Die folgende Abbildung zeigt einerseits den ***„Flow-Down“***, also die **Verfeinerung** von Anforderungen für verschiedene Sichtweisen und die damit typischerweise einhergehende Vervielfältigung von Anforderungen. Andererseits zeigt sie den Kostenanstieg, der entsteht, je später ein Fehler identifiziert ist. Fallen Probleme direkt in der Anforderungssammlungsphase auf, ist die Beseiti-

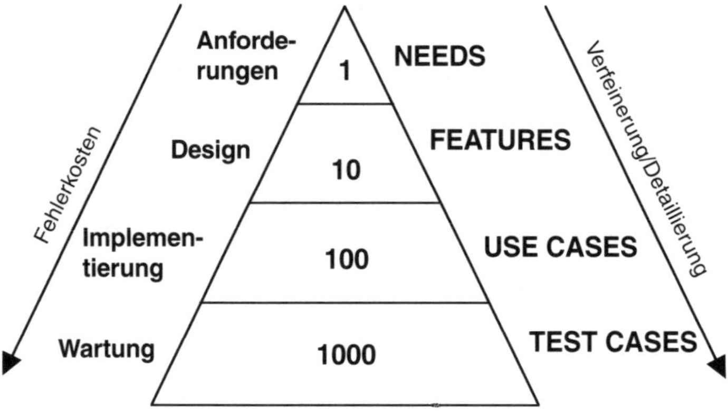

Quelle: Dean Leffingwell

gung relativ günstig im Vergleich zu einem Problem, das erst in der Implementierung auftaucht, dessen Beseitigung durchaus 100-mal teurer sein kann, weil ggf. eine komplett falsche Architektur für das IT-System gewählt worden ist.

Welche qualifizierten Eigenschaften sollten Anforderungen aufweisen, damit sie von den Projektbeteiligten verstanden werden?

Anforderungen müssen *verifizierbar* sein, d. h. es gibt ein manuelles oder automatisiertes Verfahren, um zu überprüfen, ob eine Anforderung erfüllt ist. Die Anforderung „Das System unterstützt 1000 gleichzeitige Anmeldungen..." ist verifizierbar, z. B. durch einen automatisierten Performancetest. Die Anforderung „Der Anmeldebildschirm soll schön sein..." ist schwer verifizierbar, da subjektive Eindrücke oder Vorstellungen schlecht von anderen Personen empfunden oder nachvollzogen werden können. In diesem Fall kann die Anforderung dadurch konkretisiert werden, dass vorab ein Layout des Anmeldebildschirms gemeinsam mit einem Screendesigner erarbeitet wird. Weiterhin ließen sich subjektive Anforderungen mit statistischen Verfahren (repräsentativen Befragungen) quantifizieren und damit messbar machen.

Anforderungen müssen *nachverfolgbar* sein. Ändert sich beispielsweise eine existierende Anforderung durch einen Kundenwunsch, können alle davon abhängigen Anforderungen (technische Details, Umsetzungsdetails etc.) identifiziert werden und es ist leichter möglich, eine Einflussanalyse oder Aufwandsschätzung abzugeben (vgl. Abbildung S. 4). Besonders bei Anforderungsänderungen in großen Projekten kommt diesem Punkt eine entscheidende Bedeutung zu, da es hier eine große Zahl an Anforderungen gibt, die von einer Änderung betroffen sein können (und damit potenzielle Kostenfaktoren darstellen). Stehen die Anforderungen nicht durch eine logische Zuordnung in Beziehung zueinander, können Anforderungen auf verschiedenen Detailebenen auseinanderdriften. Symptome sind im Extremfall erhebliche Widersprüche zwischen dem, was der Kunde fordert, wie es der Systemanalytiker verstanden, der Softwareentwickler umgesetzt und letztendlich der Testbeauftragte verifiziert hat. Diese Nachverfolgbarkeit wird im Englischen als ***Traceability*** bezeichnet und steht für eine konsistente Verlinkung von Anforderungen über verschiedene Detailstufen hinweg. Von einer inhärenten *Traceability* spricht man bei so genannten **hierarchischen Anforderungen**. Hierarchisierung ist bei Anforderungen ein Medium, logisch und inhaltlich zusammengehörende Fakten zu gruppieren (Anforderung 1, 1.1, 1.2, 1.n). Diese Vater-Sohn-Verlinkung verfolgt das gleiche Prinzip: Änderungen am Vater sollen auf die Kinder übertragbar sein.

Anforderungen sollen zugleich *verständlich* und *widerspruchsfrei* beschrieben werden. Die Anforderungsdokumentation muss für alle Projektbeteiligten in einer Form und Sprache beschrieben sein, ohne dass Missverständnisse bei der Interpretation auftreten oder die Anforderungen so technisch beschrieben sind, dass sie nicht mehr von allen Projektbeteiligten verstanden werden. Ein Mittel dafür sind z. B. Glossare, die alle Fachbegriffe des Projekts beschreiben. Des Weiteren sind auch regelmäßige Reviews der Anforderungen zwischen den Projektbeteiligten hilfreich.

Für den Erfolg des Projekts ist es sehr wichtig, Anforderungen mit bestimmten Kriterien wie z. B. Status, Stabilität, Kosten oder Rang belegen zu können, die die Projektplanung unterstützen. Nicht alle Anforderungen sind gleich wichtig für den Erfolg des Projekts. Die vorrangigen Anforderungen zu finden und entsprechend einzuordnen kann ein solide durchgeführtes Anforderungsmanagement gut unterstützen.

Zu Anforderungen gehören keine Aspekte, die den Lösungsbereich betreffen, also z. B. Designmodelle und Quellcode, welche die Anforderungen umsetzen. Testergebnisse und Testfälle, die Anforderungen anhand des Lösungsbereichs verifizieren, sind ebenfalls keine Anforderungen. Projektpläne sind daher auch keine Anforderungen im eigentlichen Sinne.

Die Motivation für Anforderungsmanagement ist das Ziel, Produkte mit einer hohen ***Qualität*** in der geplanten *Zeit* und mit dem *Budget* so umzusetzen, dass am Ende auch wirklich die *Kundenanforderungen* erfüllt sind.

Qualität kann dabei nach verschiedenen Kriterien charakterisiert werden:

- Funktionalität (z. B. unterstützte Fähigkeiten)
- Nutzbarkeit (z. B. Bedienung, Ergonomie, Nutzerführung)
- Zuverlässigkeit (z. B. geringe Fehlerhäufigkeit)
- Performance (z. B. Geschwindigkeit, Durchsatz)
- Wartbarkeit (z. B. Erweiterbarkeit, einfache Administration)

Zeit- und Budgetplanungen sind erforderlich, weil in der Realität für die Durchführung eines Projekts die Ressourcen nicht unbegrenzt zur Verfügung stehen. D. h. der Zielkonflikt zwischen dem, was der Kunde haben möchte, und dem, was machbar ist, muss durch Planung auf Grundlage der Informationen eines Anforderungsmanagements gelöst werden. Dazu ist es wichtig, dem Kunden deutlich zu machen, welche Auswirkungen bestimmte Anforderungen oder Änderungen von existierenden Anforderungen auf den Zeit- und Budgetplan haben. Für diese Aufgabe empfiehlt es sich, den Kunden während der ganzen Projektzeit aktiv in das Anforderungsmanagement mit einzubeziehen.

Die Aufgabe des Projektteams ist es, aus den Wünschen der Kunden entsprechend die Anforderungen für das Projekt herauszufinden, diese zu verifizieren und abzustimmen. Der Kunde wird diese Anforderungen aber meist nicht als technische Spezifikation abgeben, die ein Softwareentwickler 1:1 umsetzen kann. Deshalb werden abgeleitete technische Softwareanforderungen auf Basis der Kundenanforderungen erstellt, die dann durch ein System realisiert werden. Durch die ständige Qualitätssicherung während des Projekts werden die Anforderungen des Systems verifiziert.

Mit Anforderungsmanagement können Fehler früher erkannt werden, bevor sie z. B. in der implementierten Software auftreten. Wenn ein Kunde eine fehlerhafte oder unvollständige Anforderung abgibt, kann diese häufig durch das Review eines Systemanalysten entdeckt und im gemeinsamen Gespräch korrigiert werden. Der Aufwand, eine Inkonsistenz auf dieser Ebene zu finden, ist viel geringer, als wenn die Anforderung erst unkontrolliert umgesetzt wird und im späteren Betrieb oder beim Test des Systems dadurch ein Softwarefehler auftritt (Abbildung S. 4).

Deshalb müssen Anforderungen einen geregelten Spezifikationsprozess durchlaufen bis sie eine bestimmte Stabilität erreicht haben und umgesetzt werden. Wir werden in diesem Buch den Rational Unified Process als Grundlage für den Anforderungsmanagementprozess heranziehen, weil er sich in vielen Projekten in der Praxis bewährt hat.

Anforderungsmanagement ist eine **Teamaufgabe**. Das bedeutet z. B. eine Standardisierung der Kommunikationswege. Es sollte in jedem Projekt bekannt sein, aus welchen Quellen neue Anforderungen kommen. Das können u. a. Kunden, Marketing, Supportabteilung, Entwicklung und Projektleitung sein. Sind diese Quellen identifiziert, haben wir die Möglichkeit, einheitliche Vorgaben für Anforderungsspezifikationen zu machen. Das heißt, es gibt Vorlagen für Pflichtenhefte, Softwareanforderungsdokumente etc. Innerhalb dieser Dokumente werden verschiedene Typen von Anforderungen erfasst, die später mit Attributen versehen werden.

Effektives Anforderungsmanagement sollte unbedingt durch ein Werkzeug (z. B. **Rational RequisitePro®**) unterstützt werden, weshalb wir auch diesen Aspekt am Ende des Buches aufgreifen werden.

Ein Anforderungsmanagementwerkzeug kombiniert dabei die Vorteile von dokumentbasiertem Arbeiten (freier gestalterischer Ansatz, vertraute Umgebung) mit denen einer Datenbank (Zusammenhänge, Abfragen, Nachverfolgung) und kann deshalb die Arbeit im Team erheblich erleichtern. Bestimmte Zusammenhänge und Unstimmigkeiten können dadurch oft sehr schnell identifiziert werden. Ein wichtiges Beispiel für die Projektplanung und den Status des Projekts ist z. B. das Auffinden aller wichtigen funktionalen Kundenanforderungen, für die noch keine Anwendungsfälle definiert sind, also noch Spezifikationsaufwand zu leisten ist. Oder Sie wollten schon immer mal alle Anforderungen finden, die sich in einem kurzen Zeitraum häufig geändert haben (Instabile Spezifikation).

Der Rational Unified Process

Der ***Rational Unified Process*** (**RUP**) hat sich in den vergangenen Jahren zu einem De-facto-Standard in der Software- und mit der Erweiterung für System Engineering (SE) auch in der Systementwicklung entwickelt. Die Gründe hierfür sind vielfältig, liegen aber vor allem in der Praxisnähe, die der RUP in zahlreichen Projekten und Unternehmen unter Beweis gestellt hat. RUP ist damit ein Prozessmodell, das sich nicht ausschließlich durch einen theoretischen Überbau auszeichnet (wie bei einigen Prozessmodellen aus der Vergangenheit), stattdessen verfügt der RUP über alles, was einen Prozess „lebendig“ macht.

- Ein umfangreiches, ergänzbares und anpassbares Online-Handbuch als Web-Site, das dem Anfänger ebenso schnell wie einem Experten die notwendigen Informationen liefert.
- Komplette Unterstützung durch Werkzeuge, mit denen die Informationsmengen realer Projekte überhaupt erst bewältigt werden können.
- Ständige Weiterentwicklung und Einbringung neuester Technologien und Methoden (z. B. XP, J2EE etc.).

Die Bedeutung des RUP wird nicht zuletzt dadurch unterstrichen, dass der Object Management Group ein Vorschlag zur Standardisierung von Softwareentwicklungsprozessen auf Basis des RUP vorliegt (**SPEM** – Software Process Engineering Metamodel).

Struktur und Eigenschaften des Rational Unified Process

Der RUP beschreibt zwei Prozessdimensionen (siehe folgende Abbildung). Dies ist zum einen die zeitliche, zum anderen die inhaltliche Organisation. Die zeitliche Dimension unterteilt ein Projekt in eine grobe Struktur (Phasen) und in eine Feinplanungsebene (sog. Iterationen). Durch Fokus auf Funktionalität (geschildert aus Benutzersicht) einerseits und Systemarchitektur andererseits werden Risiken bereits in frühen Projektphasen adressiert.

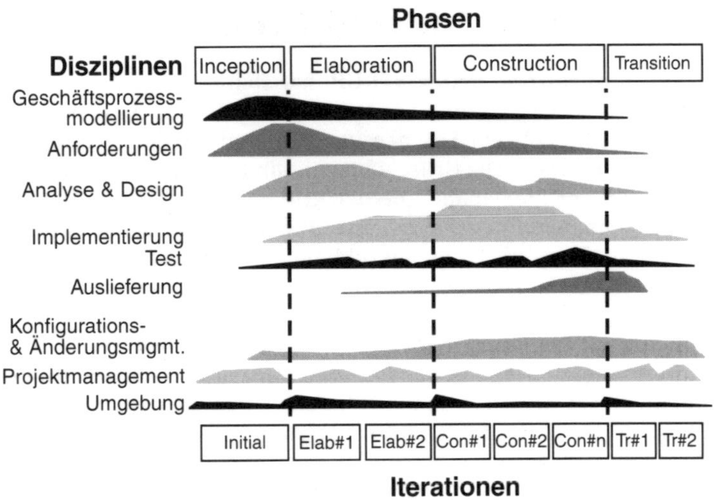

Quelle: Rational Unified Process

Zeitliche Dimension des RUP

Die **Phasen** verfolgen unterschiedliche Hauptziele, in denen auch der Anteil des Anforderungsmanagements mit unterschiedlichem Aufwand betrieben wird.

- **Inception**
  Mit der *Inception*-Phase wird ein Projekt initialisiert. Das primäre Ziel ist es, eine Machbarkeitsanalyse des Projektes zu erstellen. Dazu gehört es, die Rahmenbedingungen zu beleuchten, die intendierte Funktionalität zu skizzieren, Zeit/Kosten und Risiken zu ermitteln und möglichst einen Prototypen des Systems zu implementieren.
  Meilenstein: ***Lifecycle Objective***
- **Elaboration**
  Die vollständige Systemarchitektur wird im Rahmen der *Elaboration*-Phase auf Basis der wichtigsten funktionalen und nicht funktionalen Anforderungen gefunden. Wichtigstes Ergebnis der Phase ist ein technisches System, das die wichtigsten Anfor-

derungen umsetzt und dessen Architektur zur weiteren Implementierung verwendet wird.
Meilenstein: ***Lifecycle Architecture***

- **Construction**
  Mit Eintritt in die *Construction*-Phase dürfen keine gravierenden Änderungen an den Anforderungen mehr getätigt werden, sie dient damit primär der Umsetzung der Anforderungen, die in den vorangegangenen Phasen ermittelt worden sind. Ziel ist es, Schritt für Schritt das System zu vervollständigen. Mit Beendigung dieser Phase ist das Produkt (die Applikation/das System) weitestgehend fertig gestellt.
  Meilenstein: ***Initial Operational Capability***
- **Transition**
  Aufgabe in der *Transition*-Phase ist es schließlich, das Produkt für den Endbenutzer verfügbar zu machen. Das System hat mit Eintritt in diese Phase bereits einen recht stabilen Zustand erreicht. Es sind nur noch wenige Änderungen (z. B. Fehlerbehebungen) notwendig. Änderungen in den Anforderungen sind so gut wie ausgeschlossen. Die Phase beendet ein Projekt mit der endgültigen Abnahme des entworfenen Systems.
  Meilenstein: ***Product Release***

Während die Phasen einen groben Rahmen für das Projekt darstellen und wichtige Meilensteine (***Major Milestones***) für die externe Sichtbarkeit gegenüber dem Auftraggeber definieren, dienen **Iterationen** dazu, die Phasen zeitlich feiner zu strukturieren und so genannte ***Minor Milestones*** als wichtige Sichtbarkeiten nach innen (zur Projektsteuerung) zu etablieren.

Hierdurch besitzt der RUP eine moderne Charakteristik, die sich, dadurch dass Risiken schnell und effizient adressiert werden (frühe Übersicht, frühe Architekturüberlegungen), in Projekten positiv niederschlägt. RUP ist kontrolliert iterativ im Vorgehen und inkrementell in der Vervollständigung und Realisierung des Projektziels. Iterativ inkrementelles Vorgehen in der Praxis erfordert einen sehr sauberen Umgang mit Anforderungen und Änderungen. Statische Pflichtenhefte und sich unkontrolliert einschleichende Abweichungen vom ursprünglich vereinbarten Ziel sind der Todfeind einer iterativen Vorgehensweise. Außerdem entsprechen starre Pflichtenhefte keineswegs der Realität.

Umso erstaunlicher ist es, dass unkontrollierte Iterationen und starre Anforderungen in realen Projekten von den Verantwortlichen immer noch akzeptiert werden. Der typische Projektablauf ist zwar trotzdem als iterativ zu bezeichnen – allerdings ist er unkontrolliert (evolutionär), weil die Planungsgrundlagen (die aktuellen Anforderungen und die Auswirkungen notwendiger Änderungen) schlicht und ergreifend fehlen. Systematisches Anforderungs- und Änderungsmanagement sind Auswege aus dieser Situation, werden aber leider aus Unkenntnis der Verfahren und Werkzeuge oder aus nicht nachvollziehbaren Kostengründen oft nicht eingesetzt.

Fachliche Dimension des RUP

Jeder Prozess benötigt neben einer zeitlichen Komponente eine Komponente, die sich mit der fachlichen Situation beschäftigt. Im RUP sind dies die **Disziplinen**, in deren Rahmen die Projektarbeit inhaltlich stattfindet.

Der RUP kennt sechs primäre Prozessdisziplinen und drei Infrastrukturdisziplinen:

- *Business Modeling*
  Analyse und Dokumentation des Geschäftsmodells, in dem das zu entwerfende System erstellt werden soll.
- *Requirements*
  Sammlung, Dokumentation und Organisation der Anforderungen.
- *Analysis & Design*
  Analyse der Anforderungen und Design der Architektur.
- *Implementation*
  Implementierung des Systems.
- *Test*
  Verifikation des Systems.
- *Deployment*
  Auslieferung des Systems (Installation, Schulung etc.).
- *Configuration- & Change-Management* (Infrastruktur)
  Sicherstellung einer konsistenten Ablage von Ergebnissen und die kontrollierte Berücksichtigung von Änderungen.
- *Project Management* (Infrastruktur)
  Planung und Steuerung des Projekts.

- *Environment* (Infrastruktur)
  Verfahren und Werkzeuge für das Projekt bereitstellen und pflegen.

Jede Disziplin hat ihren eigenen Workflow (schematisch gezeigt in der folgenden Abbildung), in dem Aktivitäten zu definierten Ergebnissen führen. Jeder RUP-Workflow besteht aus so genannten **Workflow-Details**, die wiederum in einzelne Aktivitäten zerfallen und schrittweise die Ergebniserstellung beschreiben. Dies entspricht einem hierarchischen Konzept mit vier Ebenen, in denen die oberen Ebenen jeweils die Komplexität und den Inhalt der darunter liegenden kapseln.

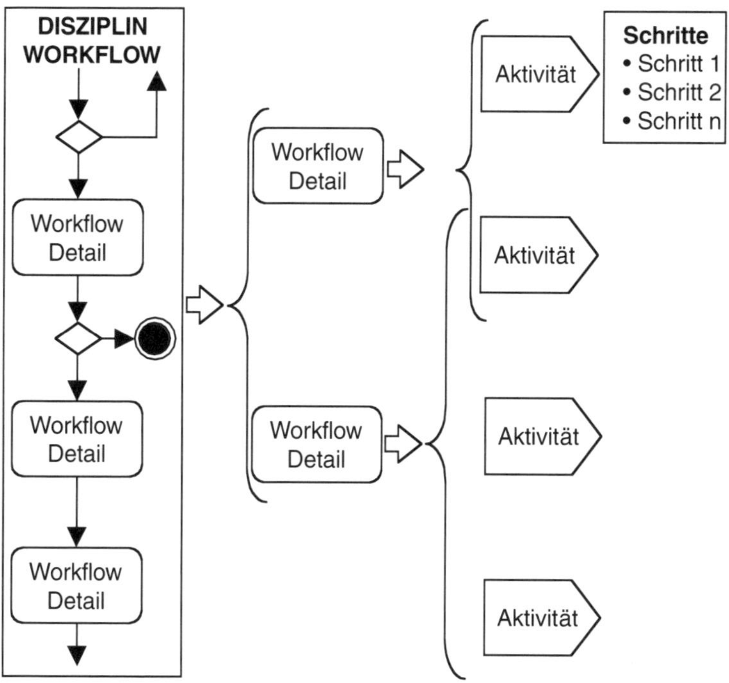

Quelle: Rational Unified Process

Wir werden uns im Folgenden auf die Disziplin Anforderungsmanagement (Requirements) konzentrieren und in einem zusätzlichen Abschnitt die Schnittpunkte mit anderen Disziplinen aufgreifen.

Use Cases im RUP

Use Cases (Anwendungsfälle) sind im Rational Unified Process die grundlegende Technik, funktionale Anforderungen zu beschreiben. Zwar gibt es im RUP auch Konzepte, Funktionalität ohne Use Cases zu beschreiben, dennoch wird die Verwendung von Use Cases dringend empfohlen. Viele Ergebnisse, die im Projekt erzielt werden, haben ihre Wurzeln in den Use Cases, die die Funktionalität Zielsystem beschreiben.

Wir werden Use Cases weiter unten wieder aufgreifen, möchten aber an dieser Stelle darauf hinweisen, dass wir in diesem Buch davon ausgehen, dass Sie in Ihrem Projekt Anforderungsmanagement auf Basis von Use Cases durchführen möchten.

Ergebnisse und Rollen im RUP

Ergebnisse werden im Rational Unified Process als **Artefakte** bezeichnet. Dieser Begriff soll insbesondere darauf hinweisen, dass Ergebnisse nicht nur Dokumente sind (im Gegensatz zu rein dokumentgesteuerten Prozessmodellen), sondern gerade auch Modelle (Analysemodell, Designmodell, Testmodell etc.) und Daten, die in Werkzeugen erfasst werden (z. B. Anforderungen und ihre Parameter).

Das wichtigste Artefakt im RUP ist das lauffähige System – also nicht Spezifikationen oder Dokumentationen.

Jedes Artefakt ist einer verantwortlichen **Rolle** zugeteilt, die ***Owner*** (Besitzer, Verantwortlicher) dieses Ergebnisses ist (siehe folgende Abbildung). Eine Rolle ist im RUP eine abstrakte Definition durchgeführter Aktivitäten und zu verantwortender Ergebnisse.

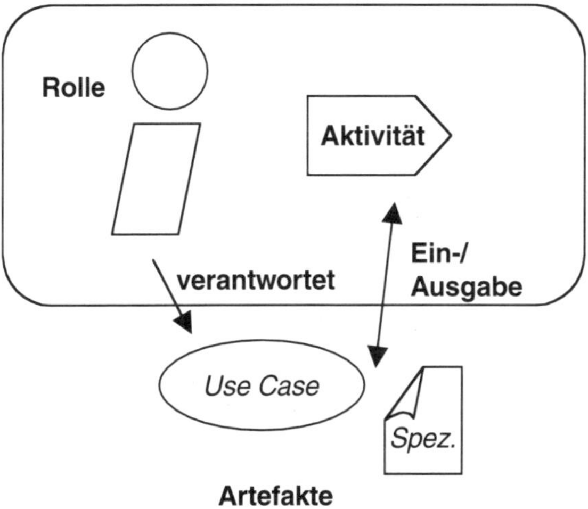

Quelle: Rational Unified Process

Kennzeichen eines iterativ inkrementellen Vorgehens à la RUP

In jeder Iteration des RUP wird generell jede Disziplin (u. a. auch das Anforderungsmanagement) betrachtet. Die nächste Abbildung zeigt dies exemplarisch für die sechs Hauptdisziplinen des RUP. Im Rahmen einer Iteration wird nicht jede Disziplin stets mit dem gleichen Aufwand durchlaufen (vgl. auch Abbildung S. 10). Der tatsächliche Aufwand ist vielmehr davon abhängig, in welcher Phase des RUP man sich gerade befindet. In der Abbildung unten ist angedeutet, wie sich der Aufwand für unterschiedliche Disziplinen von Iteration zu Iteration verlagern kann. Während beispielsweise in frühen Iterationen und Phasen naturgemäß viel Arbeit in das Anforderungsmanagement fließt (Erfassung, Organisation), wird es in späteren Iterationen nur noch zu geringfügigen Änderungen kommen (z. B. Anpassung von Prioritäten).

Gleichzeitig bedeutet iterativ inkrementelles Arbeiten, dass Artefakte ebenfalls diesen Charakter aufweisen. Artefakte sind damit über einige Iterationen hinweg lebendige Ergebnisse, die sich verändern und vor allem vervollständigen. Auch hier sei wie-

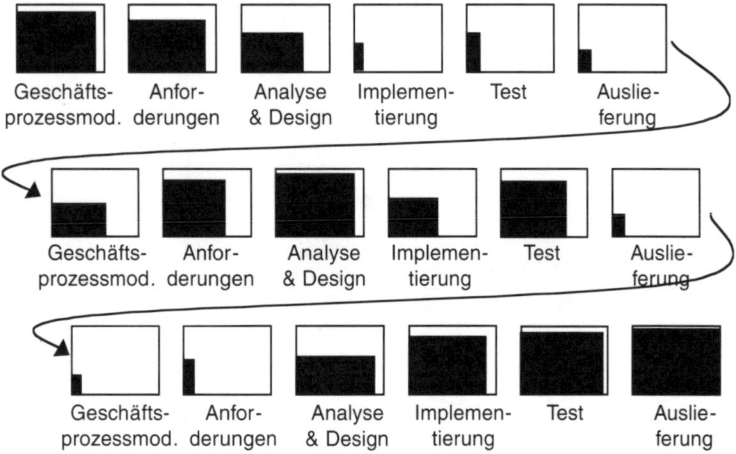

Quelle: Rational Unified Process

der betont, dass diese Veränderungen keinesfalls ungeplant und unkontrolliert erfolgen, sondern bewusst (und damit gesteuert) gehandhabt werden. Die nächste Abbildung zeigt schematisch den Reife- bzw. Fertigstellungsgrad von Artefakten über die RUP-Phasen hinweg. Greifen wir exemplarisch die Artefakte des Anforderungsmanagement heraus (R-Säule), sehen wir, dass mit Ende der *Elaboration*-Phase idealerweise ein Großteil der Anforderungen bekannt ist. Gleichzeitig wird der Praxiserfahrung Rechnung getragen, indem die Anforderungen erst mit Beendigung der *Construction*-Phase, also mit Beginn der Überleitung des Systems in den Produktivbetrieb wirklich fest sind.

Wenn wir in eine RUP-Disziplin hineinsehen, heißt iteratives Vorgehen, dass sich auch innerhalb der Workflow-Details in jeder Iteration unterschiedliche Schwerpunkte ergeben. Dieses Prinzip setzt sich durch bis auf die Aktivitäten-Ebene: Je nachdem zu welchem Workflow-Detail eine Aktivität gehört (m:n Beziehung), werden unterschiedliche Schwerpunkte gesetzt. So entstehen Artefakte in ein und derselben Aktivität neu oder werden überarbeitet (verfeinert). Insofern kann man Aktivitäten als eine inhaltliche Klammer zur Bearbeitung von Artefakten verstehen.

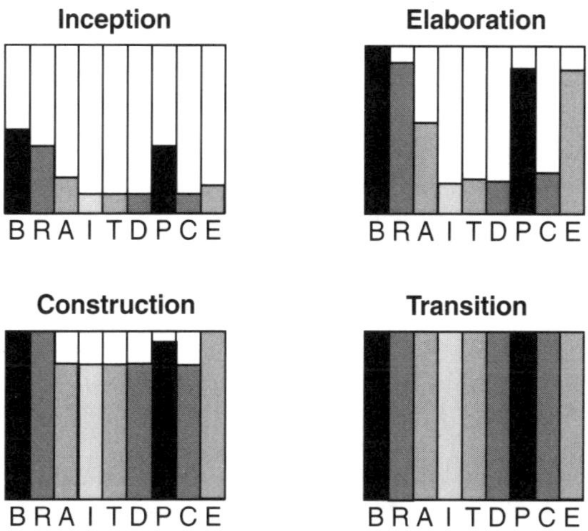

B usiness Modeling
R equirements
A nalysis & Design
I mplementation
T est
D eployment
P roject Management
C onfig. & Change Management
E nvironment

Quelle: Rational Unified Process

Aus unserer Erfahrung als Trainer und Berater wissen wir, dass dies einer der RUP-Aspekte ist, mit dem Projektmitarbeiter die meisten Verständnisschwierigkeiten haben. Am einfachsten sollte man sich stets die Abbildung auf S. 15 in Erinnerung rufen. Eine Rolle im Projektteam ist für ein Ergebnis verantwortlich, das sich aus einer (oder mehreren) Aktivitäten ergibt. Da Ergebnisse typischerweise nicht komplett *Top-Down* erzielt werden, entspricht die sukzessive (also iterative) Bearbeitung der Realität. Wir wollen aber gerade im Anforderungsmanagement bewusst damit umgehen und u. a. gezielt (statt willkürlich) Verfeinerungen vornehmen (Erinnern sie sich noch an die Pyramide aus der ersten Abbildung auf S. 4?).

Die RUP-Disziplin Anforderungsmanagement

Die Anforderungsmanagement-Disziplin im RUP verfolgt Ziele, die mit der verlässlichen Spezifikation und Entwicklung eines Systems und der zeitlichen und inhaltlichen Veränderung in Zusammenhang stehen (siehe Einführungskapitel). Im Einzelnen sind dies:

- Erstellung und Wartung einer Übereinkunft zwischen Auftraggeber und Auftragnehmer über die Systemfunktionalität.
- Abgrenzung des zu erstellenden Systems gegen die Systemgrenzen.
- Spezifikation eines Benutzerinterfaces nach den Bedürfnissen der Anwender.
- Beschreibung der Systemanforderungen für die Entwickler.
- Einrichten einer Möglichkeit, Iterationen inhaltlich zu planen.
- Herstellen einer Basis für Zeit- und Kostenplanung.

Die folgende Abbildung zeigt einen Überblick über den Workflow des Anforderungsmanagements wie er als Leitlinie im RUP propagiert wird.

Zu Beginn eines Projekts also in der *Inception*-Phase steht die Analyse des zugrunde liegenden Problems (Welches System bauen wir?) und das Verständnis der so genannten *Stakeholder*, d. h. derjenigen, die ein Interesse an dem System haben (Auftraggeber, Nutzer etc.) im Vordergrund. Die Definition des Systems bzw. deren Verfeinerungen werden in der *Elaboration*-Phase fokussiert. Schließlich gehören die inhaltliche Organisation und der Umgang mit Änderungen zu den Workflow-Details, die kontinuierlich über alle RUP-Phasen hinweg betrachtet werden.

In den folgenden Abschnitten werden wir inhaltlich auf die einzelnen Workflow-Details eingehen, um anschließend einen Überblick über die Arbeitsergebnisse und die Rollen, die diese verantworten, zu geben.

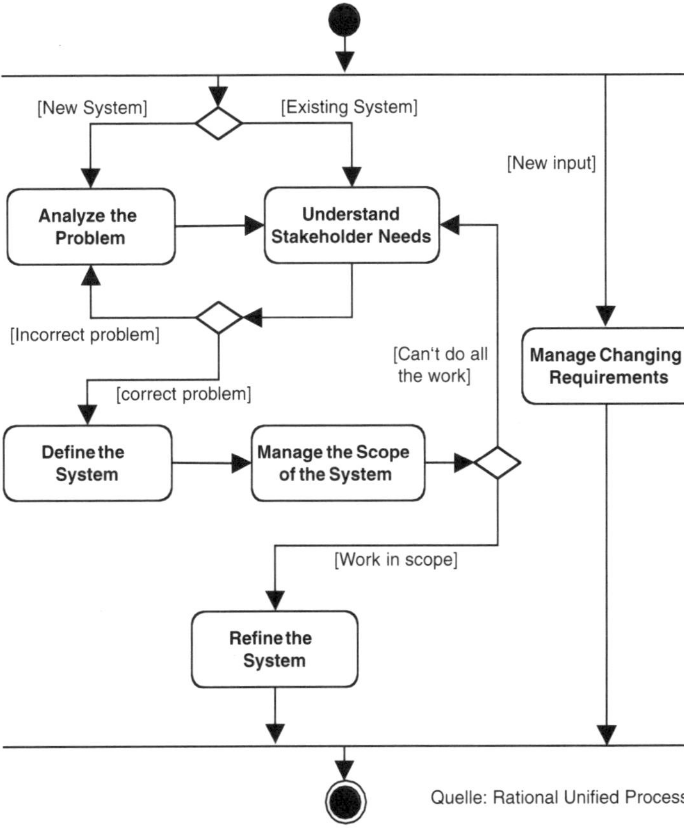

Quelle: Rational Unified Process

Inhalte der Workflow-Details

Jedes Workflow-Detail verfolgt natürlich einen bestimmten Zweck, den wir hier im Einzelnen darstellen werden. Da wir glauben, dass der Fokus auf Ergebnisse für ein pragmatisches Einführen von Anforderungsmanagement wichtiger ist als ein Fokus auf die (komplett korrekte) Durchführung von Workflow-Details oder Aktivitäten, haben wir den Richtlinien und Checklisten für Artefakte ein gesondertes Kapitel gewidmet.

Problemanalyse (*Analyze the Problem*)
Wenn Sie vor der Herausforderung stehen, ein neues IT-System zu realisieren, geht es zunächst darum, das Kernproblem (also die eigentliche Aufgabe) und einen passenden Lösungsansatz herauszufinden. Dies ist Bestandteil der initialen Problemanalyse im RUP mit folgenden Zielen:

- Vereinbarung über die Organisation der Anforderungen.
- Erzielen einer Übereinkunft über die bevorstehende Aufgabe.
- Beschreiben der zu lösenden Probleme (und des Nutzens einer Lösung).
- Identifikation der Stakeholder, d. h. der notwendigen Ansprechpartner, um die Aufgabe zu bewältigen.
- Definition der Systemgrenzen (Abgrenzung der Aufgabe).
- Identifikation der Beschränkungen, denen das System unterworfen ist (Regularien etc.).
- Finden einer gemeinsamen sprachlichen Ebene.

Die Auftraggeber verstehen (*Understand Stakeholder Needs*)
Schaut man sich die Ziele der Problemanalyse an, so stellt man fest, dass hier vor allem infrastrukturelle Vereinbarungen getroffen werden, die häufig einfach erkennbar sind (oft wird hier von expliziten oder offensichtlichen Anforderungen gesprochen). Interessanter wird es, dem Auftraggeber seine tatsächlichen (auch die unbewussten und nicht geäußerten) Anforderungen zu entlocken. Ziel von *Understand Stakeholder Needs* ist daher, Techniken anzuwenden, die zu einer möglichst kompletten Grobanforderungsliste (*High-Level Requirements*) führen:

- Durchführung von Interviews
- Entwicklung von Fragebögen
- Rollenspiele/*Storyboards*
- Prototypenentwicklung (Technik, Design)
- Brainstorming
- *Reviews*

Basis ist eine enge Zusammenarbeit mit dem Auftraggeber (genauer den *Stakeholdern*), wie sie unter anderem auch bei agilen Prozessen wie eXtreme Programming oder Crystal gefordert wird. Im Rahmen der Aktivitäten des Workflow-Details werden so genannte *Requirements-Workshops* durchgeführt, die folgende Ziele verfolgen:

- Verfassen einer Vision (*High-Level*-Systembeschreibung) durch Aggregation von Bedürfnissen (*Needs*).
- Übersicht über alle Anwendungsfälle (*Use Case Model*).
- Grobfassung der nicht funktionalen Anforderungen.

System definieren (*Define the System*)

Wie bereits erwähnt, werden die beiden zuvor genannten Workflow-Details in der *Inception*-Phase durchgeführt. Ist die Entscheidung getroffen worden, das Projekt auf Basis dieser Informationen durchzuführen, dient ***Define the System*** dazu, die Grobinformationen weiter zu verfeinern:

- Ergänzung der Vision um Produkteigenschaften (*Features*) und ggf. Beschreibung des Nutzens/Werts.
- Anwendungsfälle skizzieren und mit den Features in Zusammenhang bringen.
- Als Grundlage für die Projektplanung: Prioritäten vereinbaren.

Ein großer Teil der Arbeit wird sich mit einer groben Ausarbeitung von Anwendungsfällen beschäftigen (*Outlines*, Rahmengerüste), wobei in der Regel neben den funktionalen Anforderungen auch die nicht funktionalen klarer identifiziert werden.

Inhaltliche Planung (*Manage the Scope of the System*)

An anderer Stelle haben wir darauf hingewiesen, dass ein gutes iterativ inkrementelles Vorgehen sich dadurch auszeichnet, dass man Iterationen entsprechend plant. Worauf, wenn nicht auf den Anforderungen, kann man aber eine Planung (Zeit, Geld, Mitarbeiterskills) aufsetzen? Genau damit beschäftigt sich ***Manage the Scope of the System***:

- Sichtung und Parametrisierung der Anforderungen (Aufwandsschätzung, Stabilität, Risiko).
- Vergabe von Prioritäten für Anwendungsfälle und nicht funktionale Anforderungen.
- Berücksichtigung und Einrichten von Abhängigkeiten.
- Diskussion/Fokussierung wichtiger Architekturmerkmale.

- Erwartungen setzen und kommunizieren (an den Auftraggeber). Dieses Workflow-Detail schafft so alle Voraussetzungen, damit in der *Project-Management*-Disziplin die tatsächlichen Iterationsplanungen getätigt werden können.

Verfeinerung des Systems (*Refine the System Definition*)
Nachdem alle bisherigen Workflow-Details vorbereitenden Charakter hatten, geht es in ***Refine the System*** um das Erreichen der nächsten Detailstufe, die konkrete Spezifikation der **Softwareanforderungen** (***Software Requirements Specification***). Der Rational Unified Process versteht dabei die Softwareanforderungen als ein „Paket" aus detaillierten Use-Case-Beschreibungen in Verbindung mit den nicht funktionalen Anforderungen, die an die zu erstellende Software gestellt werden. Damit sind die wesentlichen Ziele der Systemverfeinerung die Vorbereitung der Modellierung und Implementierung durch:

- (Technische) Detaillierung von Use Cases.
- Detaillierung der nicht funktionalen Anforderungen.

Anders ausgedrückt beschäftigt sich dieses Workflow-Detail mit der Frage, *wie* das System realisiert (im Sinne von implementiert) werden soll, nachdem die Frage nach dem *was* das IT-System leisten soll in vorangegangenen Iterationen und Workflow-Details ausreichend geklärt worden ist. Wir bewegen uns also von sehr abstrakten Beschreibungen hin zur konkreten Umsetzung.

Umgang mit Änderungen der Anforderungen (*Manage Changing Requirements*)
Das Workflow-Detail ***Manage Changing Requirements*** beschäftigt sich mit der Tatsache, dass sich Anforderungen naturgemäß im Projektverlauf ändern. Unter einer Änderung ist dabei auch die Änderung von Eigenschaften einer Anforderung (Priorität, Risiko, Stabilität etc.) zu verstehen. Konsequenterweise gehören zu diesem Workflow-Detail Aktivitäten, die notwendig sind, um Änderungen gezielt und bewusst zu kanalisieren. Die Ziele sind:

- Einen konsistenten Kanal für die Behandlung von Änderungen aufbauen (und einhalten!).
- Auswirkungen von Änderungen beurteilen (Stichwort: Abhängigkeiten/*Traceability*).

- Regelmäßige Erstellung von Metriken zur aktuellen Statusbestimmung und als Projekt-*Health-Check* (z. B. Änderungsfrequenzen).
- Umgang mit Anforderungsmanagementwerkzeugen als Ausgangspunkt für Metriken, Pflege von Abhängigkeiten und Auswirkungsanalysen.
- Formale Verifikation der Artefakte der Anforderungsmanagement-Disziplin mit der Kundensicht.

Der erste Punkt dieser Aufzählung soll dem so genannten *Feature Creep* begegnen. Diese Bezeichnung steht für Änderungen, die sich unter der Hand in ein Projekt einschleichen und unkontrolliert bis in das Softwareprodukt wandern, ohne dass die Auswirkungen (z. B. Seiteneffekte, verursachte Kosten, gebundene Ressourcen) beleuchtet werden. Änderungen sollen vielmehr transparent, abgesprochen und kontrolliert erfolgen, damit später keine bösen Überraschungen hinsichtlich Termin- und Kostenüberschreitung entstehen oder sich Qualitätsprobleme auftun.

RUP-Artefakte im Anforderungsmanagement

Während sich die soeben vorgestellte Workflow-Sichtweise vor allem damit auseinandersetzt, *wann* bestimmte Anforderungen erhoben werden, werden wir nun die zu erzielenden Ergebnisse ins Auge fassen. Diese werden wie bereits erwähnt im Rational Unified Process als **Artefakte** bezeichnet. Tatsächlich sind es auch die Artefakte und ihre Qualität, die im täglichen Projektgeschehen über Erfolg oder Misserfolg entscheiden. In der folgenden Abbildung ist eine Aufstellung der Ergebnisse dargestellt, die in der Anforderungsmanagement-Disziplin erstellt und respektive verändert werden. Gleichzeitig ist dort die Zuordnung zur jeweils verantwortlichen Rolle im Projekt erkennbar.

Inhaltliche Übersicht über die Artefakte

Wir möchten Ihnen bereits vorab an dieser Stelle eine kurze inhaltliche Beschreibung der Artefakte geben, bevor wir in einem späteren Kapitel detaillierter auf diese eingehen. Wie bereits aus der Abbildung ersichtlich, sind die Artefakte nicht nur Dokumente,

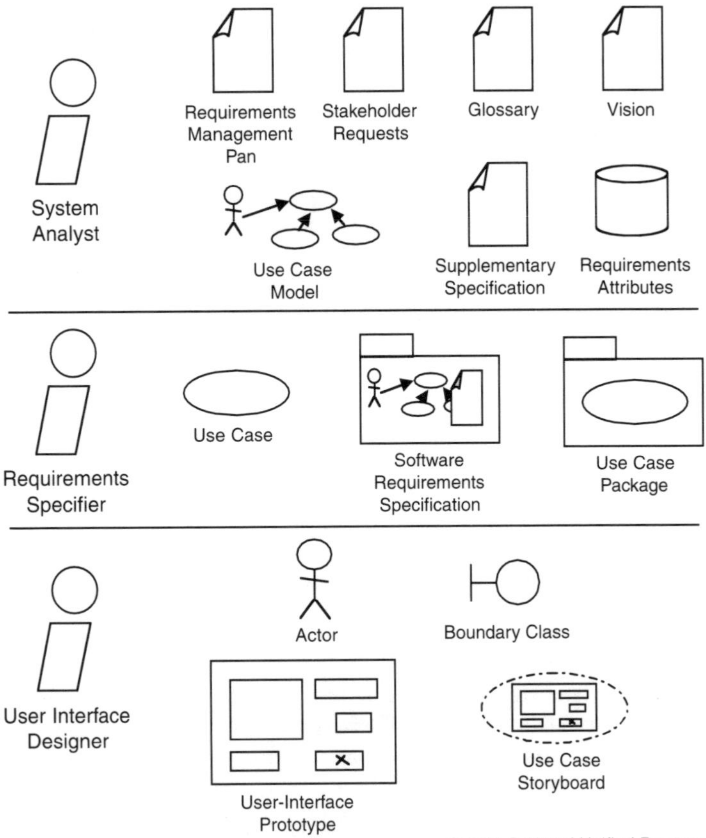

Quelle: Rational Unified Process

sondern u. a. Modelle, Modellteile, Datenrepositories, Gruppierungen (Pakete) etc.

- Der ***Requirements Management Plan*** beschreibt, wie das Anforderungsmanagement auf die Projektsituation angepasst und durchgeführt wird. D. h. wie Spezifikationen aussehen und welche Informationen gesammelt werden, um Kontroll-/ Fortschrittsmessungen durchführen zu können. (Dokument)

- Im **Glossar** werden projektspezifische Begrifflichkeiten vereinbart. (Dokument)
- Die ***Stakeholder Requests*** beinhalten (sämtliche) Anliegen der Auftraggeber in Bezug auf das zu entwickelnde System. (Dokument)
- In der ***Vision*** werden aus der Sichtweise der Auftraggeber die wesentlichen Leistungsmerkmale (*Features*) der zu erstellenden Lösung beschrieben (*Was* soll das System leisten?). Sie ist Ausgangspunkt für die technische Systembeschreibung (*Wie* soll das System arbeiten?). (Dokument)
- Die Funktionalität des Gesamtsystems aus der Benutzersicht wird im **Use-Case-Modell** abstrahiert. Es dient quasi als „Vertrag" zwischen dem Benutzer und dem Entwickler, indem es die Benutzerabläufe und die Arbeitsumgebung zusammenfasst. (Modell)
- Alle nicht funktionalen Anforderungen an das zu bauende System (z. B. rechtliche Aspekte, Performance, Einhalten von Standards etc.) werden in der ***Supplementary Specification*** erfasst. Dieses Dokument ist wichtig für das spätere **Architekturdokument**, weil gerade die nicht funktionalen Systemaspekte maßgeblich die Architektur des zu bauenden Systems bestimmen. (Dokument)
- Das Artefakt ***Requirements Attributes*** ist ein Datenrepository (z. B. Rational RequisitePro®), das entsprechend dem *Requirements Management Plan* strukturiert ist und gepflegt wird. (Repository)
- Die Inhalte des Use-Case-Modells werden in **Use Case**s detailliert. Jeder Use Case beschreibt eine sinnvolle Anwendung des Systems (mit messbarem Ergebnis) aus der Benutzersicht. (Modellelement, Dokument)
- ***Use Case Packages*** dienen dazu, komplexe Systeme vernünftig zu strukturieren. (Modellelement)
- In der ***Software Requirements Specification*** (**SRS**) werden sämtliche Anforderungen an das System (funktionale und nicht funktionale) zusammengefasst, d. h. die SRS ist bei Verwendung von Use Cases eine Gruppierung aus Use Cases und anwendbaren *Supplementary Specification*s. (Gruppierung oder Dokument)

(Eigenständige Bedeutung erhält die SRS beispielsweise dann, wenn in einem Projekt nicht mit Use Cases gearbeitet wird. SRS ist ein Begriff, der in der IEEE-Welt sehr geläufig ist und daher im RUP aufgegriffen wird).

- Unter einem ***Actor*** versteht man eine Schnittstelle (Systemgrenze) zum zu entwerfenden System. Akteure sind entweder die menschlichen Nutzer des Systems oder aber andere technische Systeme, mit denen interagiert wird. (Modellelement)
- ***Boundary Class**es* sind Klassen, die die Verbindung des Systems zur Außenwelt modellieren (z. B. Benutzerinterface oder Systemschnittstelle). (Modellelement)
- Mittels ***User-Interface Prototype**s* kann das Aussehen des Systems für den Auftraggeber prototypisch dargestellt werden (manuelle Skizzen, Bilder aus Grafikwerkzeugen, Visual-Basic-Masken etc.). (Modell, Bilder, Applikation etc.)
- Ein ***Use Case Storyboard*** ist eine logische und konzeptuelle Beschreibung der Interaktion des Anwenders mit dem System (Benutzerinterface plus Beschreibung der notwendigen Aktionen). (Modellelemente)

Abhängigkeiten und Bedeutung der Artefakte

Die Artefakte sind in der Regel eng miteinander verzahnt, d. h. sie bauen aufeinander auf und ihre enthaltenen Informationen hängen voneinander ab. Die nächste Abbildung zeigt Abhängigkeiten zwischen einigen wichtigen o. g. Artefakten der Anforderungsmanagementdisziplin im RUP.

Betrachtet man Abhängigkeiten genauer, muss man spezifischer davon reden, dass es auf inhaltlicher Ebene Zusammenhänge gibt, d. h. Anforderungen aus verschiedenen Artefakten miteinander in Beziehung stehen. Insofern abstrahiert die Darstellung die Detailsicht. Die in der Realität komplexen Abhängigkeiten sind es in der Regel auch, die später zu inkonsistenten und ungewarteten Spezifikationen führen. Wenn es keine Möglichkeit gibt, diese inhaltliche Verlinkung mit Werkzeugen zu pflegen, ist der manuelle Arbeitsaufwand schlicht und ergreifend zu hoch, Ergebnisse unterschiedlicher Detailstufen durchgängig aktuell zu halten. Genau diese Durchgängigkeit wird aber u. a. benötigt, um Auswirkungsanalysen auf Änderungen durchführen zu können.

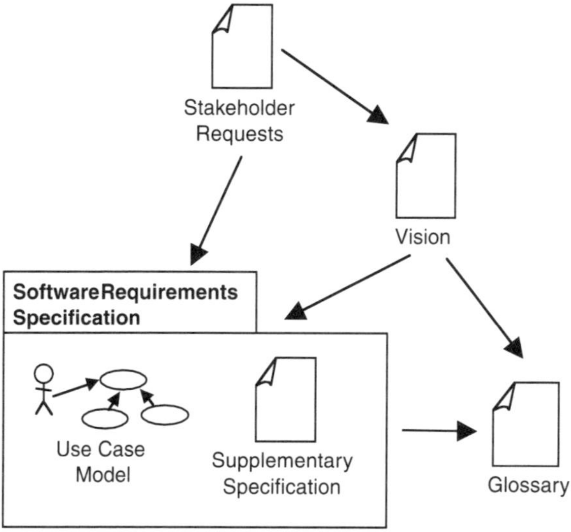

Quelle: Rational Unified Process

Wir verwenden in diesem Zusammenhang gerne das Bild, Dokumente als einen ***Container*** zu betrachten, der dazu dient, Anforderungen gleichen Abstraktionsniveaus zu Kommunikationszwecken zusammenzuhalten und gemeinsam zu *transportieren*. Provokativ könnte man sagen, dass aus Sicht des Anforderungsmanagements die Dokumente unwichtig sind und es auf den Inhalt ankommt. Streng genommen ließen sich Dokumente als Präsentationsmedium automatisch aus Anforderungsdatenbanken generieren. Das hat in der Praxis sogar den Vorteil, dass Dokumente kürzer gehalten sind und weniger redundante Prosa enthalten. Andererseits sollte man natürlich auch nicht unterschätzen, dass die Form, in der Anforderungen vermittelt werden, einen entscheidenden Anteil am Projekterfolg haben kann, was wiederum für die Erstellung von Dokumenten spricht.

Man muss sich darüber im Klaren sein, dass die Anzahl der Artefakte und der möglichen inhaltlichen Abhängigkeiten den Pflegeaufwand maßgeblich beeinflusst. Prozessmodelle wie das V-Modell und der RUP schlagen umfangreiche Ergebnistypen vor, die aber im Projektalltag auf die jeweilige Situation angepasst werden (*Tailoring*). Die Auswahl der tatsächlich zu pflegenden Artefakte sollte ausschließlich unter ökonomischen Gesichtspunkten erfolgen:

- Welchen Nutzen bringt mir eine bestimmte Spezifikation?
- Wer (intern/extern) wird diese Spezifikation verwenden?
- Wie formal soll eine Spezifikation behandelt werden?

Im RUP wird generell zu Beginn eines Projektes (sofern es keine bereits vorgefertigte RUP-Variante in einer Organisation gibt) ein so genannter ***Development Case*** erstellt, in dem u. a. die zu erzielenden Artefakte, ihre Sichtbarkeit (intern/extern) und ihr Status (formell/informell) vereinbart werden.

Guideline zur Artefakt-Verwendung

Der Projektalltag hat uns gezeigt, dass bestimmte Ergebnistypen besonders empfehlenswert (und wirtschaftlich) sind, andere nur in bestimmten Situationen Sinn machen. Wir listen im Folgenden primär die nützlichen und wichtigen Artefakte der Anforderungsmanagement-Disziplin auf.

Artefakt	**optional/empfohlen**	**Anmerkung**
Use Case Model (Actor, Use Case, Use Case Package)	dringend empfohlen	funktionale Systembeschreibung
Use Case Storyboard, Boundary Class	optional	für kleinere Vorhaben gut geeignet oder als erster Designprototyp
Glossar	empfohlen	hilft eine gemeinsame Sicht auf die Dinge zu erhalten
Requirements Management Plan Requirements Attributes	optional	evtl. direkt im Werkzeug zu dokumentieren, für große Projekte empfohlen
Software Requirements Specification	optional	Pflicht bei formalen Projekten oder komplexen nicht funktionalen Anforderungen
Stakeholder Requests	optional aber i. d. R. sinnvoll	beschreibt die initialen Ideen des Auftraggebers
Supplementary Specifications	dringend empfohlen	enthält die nicht funktionalen Anforderungen
User-Interface Prototype	empfohlen	besseres Feedback der Anwender/Auftraggeber
Vision	dringend empfohlen	enthält die High-Level-Beschreibung des Systems

RUP-Rollen im Anforderungsmanagement

In einem der vorangegangenen Abschnitte wurde bereits kurz der Begriff der **Rolle** als Verantwortlicher für ein Artefakt verwendet. Allgemein abstrahiert der Begriff der Rolle im Rational Unified Process die Tätigkeit eines Projektbeteiligten (Aktivitäten) und seine Verantwortung für Projektergebnisse (Artefakte). In diesem Abschnitt möchten wir Ihnen kurz die Rollen vorstellen, die in der Disziplin Anforderungsmanagement von Bedeutung sind. Zunächst erfolgt die Vorstellung der bereits in der Abbildung auf S. 24 dargestellten Rollen, anschließend werden zwei zusätzlich benötigte Rollen eingeführt.

- Eine zentrale Rolle ist die des ***System Analysts***. Er ist der verantwortliche Koordinator für die Erhebung/Erfassung der Anforderungen. Er beschreibt die Systemfunktionalität und grenzt das System gegen die Außenwelt ab.
- Der ***Requirements Specifier*** zeichnet sich für die detaillierte Spezifikation (Feinspezifikation) des Systems verantwortlich, wie sie sich mit und aus den Use Cases und nicht funktionalen Anforderungen ableiten lässt.
- Das Benutzerinterface wird durch den ***User-Interface Designer*** beschrieben. Ihm obliegt es, das Erscheinungsbild des Systems mit dem Auftraggeber abzustimmen.
- Der ***Software Architect*** ist verantwortlich für alle technischen Aspekte (Aktivitäten und Artefakte) des Systems. Er entwickelt u. a. aus den Use Cases die technische Architektur und ist damit ein wichtiger „Konsument" der Disziplin Anforderungsmanagement. Da er sich für die Architektur verantwortlich zeichnet, obliegt ihm u. a. die Priorisierung von Use Cases.
- Schließlich benötigen wir noch den ***Requirements Reviewer***, dem die Aufgabe zuteil wird, zu verifizieren, dass die spezifizierten Anforderungen mit der Auftraggebersicht konform sind.

Neben den Rollen, die wir im Projektteam (d. h. auf Auftragnehmerseite) haben, gibt es selbstverständlich auch auf der Auftraggeberseite Beteiligte am Anforderungsmanagementprozess. Prinzipiell ließen sich diese unter dem Oberbegriff „***Stakeholder***" zusammenfassen. Die juristische, wirtschaftliche Übersetzung aus dem Englischen mit „Anspruchsberechtiger" bzw. „Geschäftsinteressent" trifft dabei wohl am ehesten die eigentliche Bedeutung. Wer aus Projektsicht ein *Stakeholder* ist, ergibt sich in aller Regel aus dem Projektzusammenhang. Häufig wird unter den *Stakeholdern* auch einfach der Auftraggeber eines Systems gesehen.

Etwas spezifischer unterscheidet der Rational Unified Process die externen Rollen

- ***Customer*** als denjenigen, der den Kunden für das Projekt (also den Auftraggeber) repräsentiert;
- ***End User***, d. h. den Anwender des Systems;
- und ***Stakeholder*** als Sammelbegriff für alle anderen Rollen, denen auf Auftraggeberseite ein Mitspracherecht eingeräumt wird.

Guideline für die Besetzung der Rollen

Mitarbeiter, die Anforderungen sammeln sollen, müssen gute Teamplayer mit hoher Kommunikationskompetenz sein. Sie müssen kreativ sein und zwischen den Zeilen lesen können. Natürlich ist es mehr als wünschenswert, dass diese Personen auch in der Lage sind, die Anforderungen entsprechend niederzuschreiben. Hinzu kommen ggf. Wissen in der fachlichen Domäne und anderen Skills (Verfahren, Werkzeuge).

Rolle	Fähigkeiten
System Analyst	guter Moderator überdurchschnittliche Kommunikationsfähigkeit möglichst Kenntnisse in der Problemdomäne Erfahrung mit Use Cases und UML
Requirements Specifier	gute Kommunikationsfähigkeit guter Autor (schriftliche Kommunikation) geübt im Umgang mit den Werkzeugen (Anforderungsmanagement, Modellierung)
User-Interface Designer	gute Kenntnisse in Ergonomie, Bedienbarkeit möglichst kein Programmierer!
Software Architect	Erfahrung im Systemdesign (Architekturen) „*Leadership*", Entscheidungsfreudigkeit Führungspersönlichkeit
Requirements Reviewer	essenzielles Wissen über die Problemdomäne (Business und Technologie) gute Verfahrenskenntnisse (Anforderungsmanagement, Modellierung etc.)

Auf Seite des Kunden wären ähnliche Fertigkeiten wünschenswert, lassen sich aber natürlich nicht voraussetzen. Je schwächer ein Kunde seine Bedürfnisse ausdrücken kann (oder will), desto stärker muss die andere Seite in der Lage sein, die Projektanforderungen in die richtigen Bahnen zu leiten.

RUP-Aktivitäten im Anforderungsmanagement

Aufgrund des Kompaktcharakters der vorliegenden Buchreihe möchten wir nicht detailliert auf die einzelnen Aktivitäten der Disziplin Anforderungsmanagement eingehen. Die Bezeichnungen der Aktivitäten sind selbsterklärend. Wir haben uns daher entschlossen, es der Vollständigkeit wegen bei einer Aufzählung mit kurzem Kommentar zu belassen. Stattdessen werden wir im nächsten Kapitel auf die wichtigsten Artefakte eingehen, die im Rahmen der Aktivitäten erstellt und gepflegt werden.

Aktivität	Rolle	Zweck
Develop Requirements Management Plan	System Analyst	Vereinbarung über die Art und Weise der Organisation der Projektanforderungen
Capture a Common Vocabulary	System Analyst	Übereinkunft über einen gemeinsamen Sprachgebrauch
Elicit Stakeholder Requests	System Analyst	Sammlung und Priorisierung der Kundenbedürfnisse
Develop Vision	System Analyst	High-Level-Beschreibung des Systems
Find Actors and Use Cases	System Analyst	Beschreibung der Systemfunktionalität aus Benutzersicht
Manage Dependencies	System Analyst	Abhängigkeiten zwischen Anforderungen dokumentieren
Structure the Use Case Model	System Analyst	Strukturierung der funktionalen Anforderungen
Prioritize Use Cases	System Architect	Priorisierung der Realisierung von Funktionalität
Detail a Use Case	Requirements Specifier	technische Beschreibung eines Use Cases

Detail the Software Requirements	Requirements Specifier	technische Spezifikation der nicht funktionalen Anforderungen
Model the User Interface	User-Interface Designer	Modell des Benutzerinterfaces
Prototype the User Interface	User-Interface Designer	Prototyp des Benutzerinterfaces
Review Requirements	Requirements Reviewer	Verifikation der Anforderungen mit der Kundensicht

Das „Besondere“ an diesen Aktivitäten ist, dass sie in unterschiedlichen Workflow-Details eine Rolle spielen (vgl. Abbildung S. 13). Vielleicht erinnern Sie sich noch an den iterativ inkrementellen Prozesscharakter, den wir weiter oben herausgestellt haben. In dem betreffenden Abschnitt war auch die Rede davon, dass innerhalb der Aktivitäten unterschiedliche Schwerpunkte gesetzt werden. Aus diesem Grunde möchten wir noch einmal die Zugehörigkeit der Aktivitäten zu den Workflow-Details und ihre zeitliche Einordnung in den RUP als Leitlinie vorstellen, um Ihnen einen Anhaltspunkt zu geben, wann, was inhaltlich im Projekt zu erledigen ist. Wir werden diese High-Level-Sichtweise bei der Erstellung der Artefakte wieder aufgreifen und dort detaillierter in den Erstellungsprozess einsteigen.

Guideline für die zeitliche und inhaltliche Zuordnung von Aktivitäten

Die Illustration des Workflows, der der Anforderungsmanagement-Disziplin zugrunde liegt (siehe Abbildung S. 19) gibt leider wenig Auskunft darüber, wann (Phase) der Schwerpunkt auf welchem Workflow-Detail liegt. Dies haben wir in der folgenden Tabelle thematisiert. Ein Blick auf die zugehörigen Aktivitäten lässt bereits hier erahnen, dass eine zentrale Institution im RUP das regelmäßige Review einmal erstellter Arbeitsergebnisse ist. Es bedeutet auch, Arbeitsergebnisse immer wieder gegeneinander abzugleichen (*Manage Dependencies*), sodass kontinuierlich gewährleistet ist, dass alle Informationen und Anforderungen von der High-Level-Beschreibung bis zur Feinspezifikation konsistent und nachvollziehbar sind.

Workflow-Detail	Aktivität	RUP-Phase
Analyze the Problem	Develop Requirements Management Plan	Inception
	Capture a Common Vocabulary	
	Develop Vision	
	Find Actors and Use Cases	
Understand Stakeholder Needs	Elicit Stakeholder Requests	Inception
	Capture a Common Vocabulary	
	Develop Vision	
	Find Actors and Use Cases	
	Manage Dependencies	
Define the System	Capture a Common Vocabulary	Elaboration
	Develop Vision	
	Find Actors and Use Cases	
	Manage Dependencies	
Manage the Scope of the System	Develop Vision	Elaboration Construction (Transition)
	Manage Dependencies	
	Prioritize Use Cases	
Refine the System Definition	Detail a Use Case	Elaboration Construction (Transition)
	Detail the Software Requirements	
	Model the User-Interface	
	Prototype the User-Interface	
Manage Changing Requirements	Structure the Use Case Model	Inception Elaboration Construction Transition
	Manage Dependencies	
	Review Requirements	

Artefakte: Bedeutung, Erstellung, Checklisten

Sie haben sicherlich schon häufiger in Ihrem Leben vor der Aufgabe gestanden, einen Text zu einem bestimmten Thema zu verfassen: Aufsätze in der Schule, ihre Diplom- oder Magisterarbeit, eine Projektspezifikation, vielleicht sogar schon einmal die Beschreibung eines Anwendungsfalls. Hand auf's Herz: Ist Ihnen diese Aufgabe leicht gefallen? Welche Qualität hatten Ihre Ausarbeitungen (Schulnote?!)? Haben Sie unter Zeitdruck etwas fertig stellen müssen? Wie haben Sie sich dabei gefühlt?

Der größte Feind eines Autors ist das leere Blatt Papier, auf das zunächst das Konzept und schließlich der Inhalt niedergeschrieben werden muss. Wer zum ersten Mal vor der Aufgabe stand, beispielsweise einen Use Case für ein IT-Projekt zu verfassen, wird sicherlich noch das unangenehme Gefühl kennen: Habe ich die richtige Strukturierung gewählt? Ist der Detaillierungsgrad in Ordnung? Es sei denn, er hat eine Vorlage verwendet, die im günstigsten Fall auch noch dokumentiert war.

In diesem Kapitel möchten wir die wichtigsten Artefakte der Anforderungsmanagement-Disziplin im Detail mit Richtlinien für die Erstellung und Checklisten für ein Review behandeln.

Der Requirements Management Plan

verantwortlich	System Analyst	
Erstellung	Inception-Phase	
Überarbeitung	zu jedem Major Milestone (Phasenende)	
Form	Dokument und/oder Repository-Struktur (bei Werkzeugeinsatz)	
Workflow-Detail	Analyze the Problem	Develop Requirements Management Plan

Bevor Sie mit der systematischen Erfassung von Anforderungen für Ihr Projekt loslegen, müssen Sie sich zwangsläufig überlegen, nach welchen Aspekten Sie Ihre Spezifikationen organisieren wollen. Das Ziel ist die Erstellung des so genannten ***Requirements Management Plan***. In diesem dokumentieren Sie:

- Klassifikation der Anforderungen (Hardware, Software, Use Cases, Test Cases etc.).
- Klassifikation der Anforderungsdokumente (Use-Case-Spezifikationen, Supplementary Specification etc.).
- Festlegen der Attribute, die eine Anforderung beschreiben (Priorität, Stabilität, Zuständigkeit etc.).
- Struktur der Abhängigkeiten (*Traceability*) zwischen den Anforderungen.
- Metriken und Berichte, die über die „Vitalität" Ihres Projektes Auskunft geben.
- Konzept zur Umsetzung mit einem oder mehreren Werkzeugen, d. h. konkrete Implementierung der oben angeführten Punkte. (In halbwegs komplexen Projekten – also wahrscheinlich in allen ernst zu nehmenden – werden Sie um professionelle Werkzeugunterstützung nicht umhinkommen.)

Im V-Modell-Jargon ist der *Requirements Management Plan* eine Art Projekthandbuch oder besser: Ein Teil Ihres Projekthandbuchs, das beschreibt, in welcher Art und Weise Anforderungen organisiert und dokumentiert werden. Zur Erinnerung: Der RUP definiert mit dem so genannten ***Development Case*** das Vorgehen (seine Anpassung) für ein bestimmtes Projekt. Während der *Development Case* spezifiziert, *welche* Artefakte erstellt werden, beschreibt der *Requirements Management Plan*, *wie* Artefakte, die das Anforderungsmanagement betreffen, gehandhabt werden.

In der Praxis sehen wir es häufig, dass die Umsetzungskonzepte direkt in Anforderungsmanagementwerkzeuge implementiert werden, ohne einen expliziten *Requirements Management Plan* als Dokument zu erstellen. Das ist für kleine Projekte mit wenigen Mitarbeitern, die eng zusammenarbeiten, eine akzeptable Vorgehensweise.

Wir plädieren dennoch dafür, zumindest einen Minimalleitfaden zu erstellen, in dem Anforderungen, Spezifikationstypen, Anforderungsattribute und -abhängigkeiten definiert sind. Insbesondere wenn Sie zum ersten Mal systematisch Anforderungsmanagement betreiben, wird Ihren Mitarbeitern und Ihnen dieser Leitfaden in Zweifelsfragen zur Seite stehen. Eventuell kann Ihnen Ihr Anforderungsmanagementwerkzeug einen Teil der Dokumentationsaufgabe abnehmen, sodass die Definitionen den Projektmitgliedern „online" zur Verfügung stehen.

Berücksichtigen Sie aber in jedem Fall, dass es auch Anforderungen gibt, die Sie nicht in einem klassischen Anforderungsmanagementwerkzeug finden werden, dies sind z. B. Modelle (UML, ER-Modelle etc.). Auch hier ist es ratsam zu dokumentieren, wie diese eingesetzt werden und wie diese mit den textuellen Anforderungen zusammenhängen.

Guidelines für den *Requirements Management Plan*

Ohne Zweifel ist die hier vorgestellte Aktivität mit dem Ergebnis, eine Organisationsform für die Erfassung und Handhabung von Anforderungen zu finden, die größte Herausforderung für denjenigen, der sich zum allerersten Mal mit systematischem Anforderungsmanagement beschäftigt.

Am besten verwenden Sie für neue Projekte einfache Schablonen, die sich bereits in der Praxis bewährt haben. Diese können Sie später leicht ergänzen. Der Rational Unified Process enthält u. a. ein Standardmuster für das Anforderungsmanagement mit Use Cases (siehe auch Literaturempfehlungen zur Vertiefung), das wir hier zunächst vorstellen möchten, um anschließend einen alternativen (aber aufwendigeren Weg) zu skizzieren.

Achten Sie besonders darauf, dass wir zwischen Dokumentklassifikation (*Container* für Anforderungen) und den eigentlichen Anforderungstypen unterscheiden.

RUP-Vorlage für das Anforderungsmanagement mit Use Case

Zunächst gehen wir auf die Klassifikation der Anforderungen und Dokumente im RUP ein. Wie Sie wahrscheinlich schon bemerkt haben, gibt es im RUP nicht die (eine) Spezifikation. Stattdessen werden die Informationen ihrer Detailstufe entsprechend in unterschiedlichen Artefakten gehalten. Das bedeutet eine gezielte Abkehr von großen Spezifikationen, in denen unterschiedliche

Typen von Anforderungen im Text mitunter wahllos vermischt sind. Die inhaltliche Abhängigkeit erzielen wir durch *Traceability*-Beziehungen. Das führt zu einer besseren Übersichtlichkeit und damit zu mehr Wissen über das Projekt.

Anforderungstyp	**Kurzbezeichnung**	**enthalten in Dokument**
Stakeholder Request	STRQ	Stakeholder Request Dok.
Feature Requirement	FEAT	Vision
Begriff/Terminus	TERM	Glossar
Use Case	UC	Use-Case-Spezifikation
Supplementary Req.	SUPP	Supplementary Spec. Dok.

Typische Standardattribute für diese Anforderungstypen sind:

Attribut	**Bedeutung**	**Wertebereich**
Priority	Wichtigkeit	gering, mittel, hoch
Status	aktueller Zustand	vorgeschlagen, akzeptiert, validiert, abgelehnt
Difficulty	Schwierigkeit	gering, mittel, hoch
Stability	Stabilität	gering, mittel, hoch
Cost	Kosten	Wert/Zahl
Assigned To	Zuständigkeit	Name

Zusätzlich verwendet man Attribute, die nur auf bestimmte Anforderungstypen zutreffen, hier z. B. aufgeführt für FEAT und UC.

Planned Iteration	geplante Realisierung	Iterationsbezeichnung
Actual Iteration	realisiert in Iteration	Iterationsbezeichnung
Origin (für FEAT)	Ursprung des Features	projektabhängige Liste der Stakeholder
Affects Architecture (für UC)	beeinflusst Architektur	Boolean (true, false)

Abhängigkeiten (*Traceability*):

- Achten Sie unbedingt darauf, Ihren ersten *Requirements Management Plan* einfach zu halten, d. h. wenige Anforderungsklassifikationen und ebenso wenige Dokumenttypen.
- Gleiches gilt für die Attribute: Verwenden Sie wenige Attribute (eher 5 als 8, keinesfalls mehr), sonst ersticken Sie in Verwaltungstätigkeiten.
- Verwenden Sie für die Attributwerte nur dann Text- oder Zahlenfelder, wenn es unbedingt notwendig ist (z. B. Kosten). Auswahlmöglichkeiten aus Listen machen die Verwaltung und das Fil-

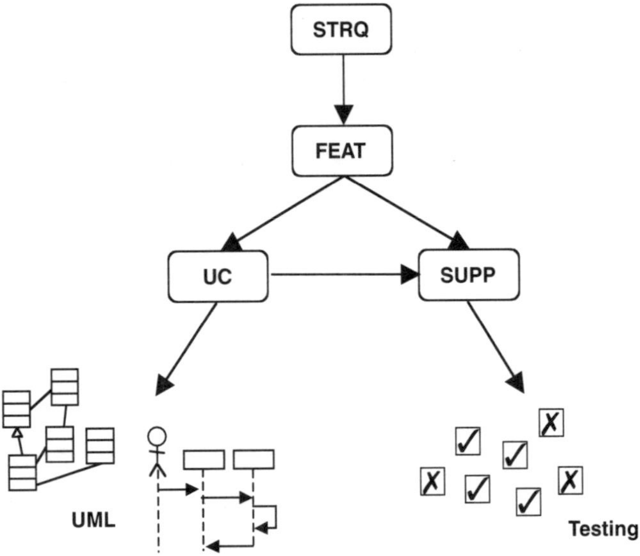

tern von Informationen und damit die Erstellung von Metriken und Berichten einfacher (z. B. „*Assigned To*" lieber als vordefinierte Liste mit Namen verwenden als Freitexte, bei denen sich jeder im Projekt selber überlegen muss, wie er Namen einträgt – nur Nachname, vielleicht auch Vorname, Vorname abgekürzt etc.).

- Für Attributlisten verwenden Sie am besten möglichst wenige Einträge. Für Einschätzungen (z. B. Priorität) am besten eine ungerade Anzahl von Einträgen (gering, mittel, hoch). In der Regel bringt es nicht viel, abgestufte Werte wie „mittel hoch" einzuführen. Abzuraten ist von der Verwendung von Prozentzahlen. Sie werden sehen, dass meist Werte verwendet werden, die sich auf den o. g. Wertebereich abbilden lassen (~90 % – hoch, ~50 % – mittel, ~10 % – gering).
- Machen Sie sich Gedanken darüber, *warum* Sie ein Attribut einführen: Welche Metriken kann ich daraus ziehen? Beispiel: Bericht über alle Anforderungen, die noch nicht stabil sind. Abfrage über alle wichtigen Use Cases. Geplante Realisierung vs. tatsächliche Realisierung.

- Oder allgemeiner: Überlegen Sie sich, welche Informationen einen Status-Bericht über die Anforderungen in Ihrem Projekt ausmachen. Was wollen Ihre *Stakeholder* voraussichtlich sehen? Was Ihre Firmenleitung?
- Verwenden Sie ein einfaches Abhängigkeits-Schema, d. h. versuchen Sie Ihre Anforderungstypen hierarchisch, also in Detaillierungsstufen einzuteilen. Das gilt dann auch für die Dokumenttypen.
- *Last but not least*: Achten Sie beim Verfassen Ihrer Anforderungsdokumente darauf, sauber zu arbeiten, d. h. mischen Sie nicht unterschiedliche Anforderungstypen in unterschiedlichen Dokumenttypen. Das führt nur zu nicht wartbaren monolithischen Riesendokumenten.
- Führen Sie weitere Anforderungstypen wie TCS (Testfall), RISK/ACTION (Risiko/Maßnahme) oder weitere eigene erst dann ein, wenn Sie sich mit dem Grundgerüst „wohl" fühlen und erste Erfahrungen gesammelt haben.

Schließlich sollten Sie noch dokumentieren, wie Sie mit nicht textuellen Anforderungen, also z. B. mit Modellen umgehen wollen, welche Strukturierungskriterien gewählt werden etc. Diese Arbeit ist sicherlich in starkem Maße davon abhängig, mit welchem Werkzeugkasten Sie Ihr Projekt unterstützen. Es gibt beispielsweise *Toolsets*, die Beziehungen zwischen Anforderungsmanagement- und Modellierungswerkzeugen herstellen und warten können. Hierdurch vermeiden Sie so genannte Medienbrüche und Unterbrechungen Ihrer abhängigen Informationen.

Requirements Management Plan ohne RUP-Template

Wenn Sie sich dazu entscheiden, nicht mit der RUP-Struktur und/oder Use Cases zu arbeiten, oder in einem existierenden Projekt Anforderungsmanagement nachträglich implementieren möchten und dementsprechend auf andere Gegebenheiten stoßen, gehen Sie am besten wie folgt vor. Die o. g. Empfehlungen zur Wahl der Anzahl von Attributen etc. gelten natürlich unverändert.

- *Schritt 1: Klassifikation der Dokumente/Spezifikationen*
  Versuchen Sie Ihre bisherigen Spezifikationen (eindeutig) zu klassifizieren. In der Regel wird Ihnen das nicht gelingen. Schauen Sie dann in die Struktur Ihrer Spezifikationen und ver-

suchen Sie Abschnitte/Kapitel zu klassifizieren. Wahrscheinlich werden die klassifizierten Kapitel später einzelne Dokumente. Zumindest werden die Kapitel Sie oft zu den Anforderungstypen führen.

- *Schritt 2: Klassifikation der Anforderungstypen*
  Betrachten Sie die gefundenen Dokumentklassen und versuchen Sie einen prägnanten Begriff für den enthaltenen Anforderungstyp zu finden.
- *Schritt 3: Attribute der Anforderungstypen*
  Überlegen Sie sich, welche Attribute Ihre Anforderungstypen ausmachen. Reichen Standardtypen wie Priorität, Status, Stabilität aus oder macht es Sinn eigene aufzunehmen? (Metriken, Berichte vor Augen haben!)
- *Schritt 4: Abhängigkeiten definieren*
  Damit Sie später die Auswirkungen von Änderungen einschätzen können, sollten Sie sich schließlich überlegen, wie Ihre Anforderungen miteinander in Verbindung stehen, um später eine Traceability-Analyse durchführen zu können.
- *Schritt 5: Umgang mit nicht textuellen Anforderungen*
  Dokumentieren Sie hier, welche Art von Modellen Sie verwenden möchten, wie diese strukturiert sind und welche Abhängigkeiten zu den Textanforderungen existieren. In der Regel werden Sie ein Anforderungsmanagementwerkzeug dazu verwenden, zu beschreiben, *was* die Anforderungen sind, und in spezialisierten Werkzeugen (UML-, ER-, Testwerkzeuge), *wie* diese umgesetzt werden.

Checkliste für den *Requirements Management Plan*

Der *Requirements Management Plan* muss vernünftigerweise in einer sehr frühen Projektphase (Inception) erstellt sein. Dennoch empfiehlt es sich, ihn mit dem Projektverlauf kontrolliert fortzuschreiben, sofern dies erforderlich ist. Kontrolliert bedeutet, dass es regelmäßige Reviews (zu Projektmeilensteinen) geben sollte, in denen validiert wird, ob Änderungen/Erweiterungen vorgenommen werden müssen. In der Regel stellen wir fest, dass erste *Requirements-Management*-Pläne recht aufgebläht sind. Sie enthalten viele Anforderungs- und Dokumenttypen und zeichnen sich (im negativen Sinne) durch eine Vielzahl verwendeter Parameter und

„exotischer“ Wertemengen aus. Projekte mit derartigen Plänen scheitern auf jeden Fall in der Disziplin Anforderungsmanagement aufgrund fehlender Fertigkeiten und unterschätztem Verwaltungsaufwand.

- Haben Sie eine vernünftige, handhabbare, „ökonomische“ Struktur gefunden, die Ihr Projekt unterstützt, aber nicht durch Verwaltungsoverhead behindert?
- Gibt es Dokument- oder Anforderungstypen, die nicht verwendet wurden?
- Existieren Attribute, die nicht gepflegt werden?
- Werden bestimmte Attribute für Metriken und Berichte nicht verwendet? Verwenden Sie überhaupt Berichte und Metriken?
- Gibt es Informationen, die sich nicht in das definierte Schema bringen lassen? Sind daher Ergänzungen notwendig?
- Wird ein neuer Spezifikations- oder Anforderungstyp benötigt? Warum?
- Werden Sie Modelle zu Spezifikationszwecken verwenden? Haben Sie an Richtlinien für Modellspezifikationen gedacht? Sind die Abhängigkeiten zu Textanforderungen bekannt und dokumentiert?

Das Glossar

verantwortlich	System Analyst (unter Beteiligung aller Projektmitglieder)	
Erstellung	Inception, Elaboration-Phase	
Überarbeitung	regelmäßig, wird aber mit Ende der Elaboration-Phase normalerweise nicht mehr geändert	
Form	Dokument und/oder als Daten in einem Werkzeug	
Workflow-Details	Analyze the Problem Understand Stakeholder Needs Define the System	Capture a Common Glossary

Wer weg von impliziten Informationen hin zu expliziten Tatsachen möchte, wird im Projektverlauf ein **Glossar** pflegen, das die relevanten Begrifflichkeiten der „Problemdomäne“ des Auftraggebers beschreibt. Hierdurch wird sichergestellt, dass im Projekt ein gemeinsames Verständnis von Begriffen aufgebaut wird und Begriffe von allen Beteiligten im gleichen Sinne verwendet werden.

Begriff (Singular!)	Erklärung	Synonyme (optional) Ggf. Beispiele!

Ein Glossar alleine sichert natürlich noch nicht, dass Begriffe wirklich klar und zweifelsfrei definiert sind. Allerdings wird durch die Tatsache, dass Definitionen explizit verfasst und gegengelesen werden die Chance erhöht, Inkonsistenzen oder Unklarheiten frühzeitig zu entdecken. Die Gefahr in Projekten liegt häufig darin, dass implizit alle Beteiligten glauben zu wissen, wie bestimmte Aspekte zu verstehen sind. Dummerweise stellen sich Ungereimtheiten aufgrund von unterschiedlichem Verständnis erst in relativ späten Projektphasen heraus, wenn bereits in falsche Richtungen entwickelt worden ist und neuerliche Änderungen Zeit und Geld verschlingen.

In der Praxis erlebt man es häufig, dass Glossare meist dann erstellt werden, wenn der Auftragnehmer keine oder nur wenig Kenntnisse über die Domäne seines Auftraggebers besitzt. Auftragnehmer, die zumindest glauben, genug über die Anwendungsgebiete ihrer Kunden zu wissen (häufig interne IT-Dienstleister) verzichten hingegen (leider) gerne auf Glossare.

Wir möchten Ihnen nahe legen, Glossare als tagtägliches Arbeitswerkzeug zu verwenden und keinesfalls auf diese zu verzichten. Die Gründe hierfür sind einfach: Was passiert, wenn neue Mitarbeiter oder externe Berater in das Projekt kommen? Je größer ein Projekt wird und je größer die Anzahl externer Berater ist, umso sinnvoller ist das Führen eines Glossars. Wir haben es auch häufig erlebt, dass selbst auf der Auftraggeberseite interessante Diskussionen beim Review eines Glossars in Gang kommen, weil selbst intern nicht immer alles klar ist, was eigentlich klar sein sollte! Sie sparen sich im weiteren Verlauf des Projekts viele Diskussionen, wenn Sie diese früher und rechtzeitig führen, bevor falsche Annahmen Ihnen das Leben schwer machen.

Noch ein Hinweis: Ein Glossar lebt! Wann immer in Diskussionen eine Begrifflichkeit aus der Problemdomäne auftaucht, die bisher noch nicht erfasst war, sollten Sie diese in das Glossar aufnehmen – egal in welcher Projektphase. Allerdings sollte es Ihnen zu denken geben, wenn Ihr Glossar nach etlichen Wochen Projektarbeit immer noch wächst!

Ebenso dient das Glossar dazu, einen Check gegen die Spezifikationen durchzuführen. Sie sehen also: Ein Glossar ist kein lästiges Beiwerk, sondern richtig angewendet ein interessanter Indikator für den Projektfortschritt.

Checkliste Glossar

- Sind Sie wirklich „fit" genug in der Problemdomäne Ihres Kunden? Können (oder: Wollen) Sie es sich leisten, auf ein Glossar zu verzichten?
- Haben alle Beteiligten die im Glossar aufgeführten Begriffe und Definitionen verstanden? Sind Synonyme entsprechend erfasst? (Es macht durchaus Sinn, dann und wann Beispiele anzuführen!).
- Tauchen die im Glossar definierten Begrifflichkeiten in den Spezifikationen (Use Cases, *Supplementary Specification* etc.) auf? (Wenn nicht, haben Sie wahrscheinlich in Ihren Spezifikationen wichtige Aspekte nicht erfasst oder umgekehrt: Sie haben nicht relevante Begriffe definiert – auf jeden Fall sollte Sie das stutzig machen!)
- Werden in Ihren Spezifikationen die Begriffe aus dem Glossar konsequent, konsistent und zweifelsfrei verwendet?
  (Das ist eher eine Art *Cross-Check* „zurück" auf das Glossar, um zu verifizieren, dass die Definitionen im Glossar korrekt sind.)
- Ist das Glossar nach einigen Wochen (abhängig vom Projektumfang) Projektarbeit stabil?
  (Wenn nicht, dann scheinen sich immer wieder neue Aspekte in die Arbeit einzuschleichen (Gefahr von *Feature Creep*). Sie sollten sich fragen, warum das so ist. Gab es zu wenig Kundengespräche? Bringt der Kunde stetig neue Aspekte ins Spiel, die durch das Budget und die zeitliche Planung nicht abgedeckt sind?)

Die Stakeholder Requests

verantwortlich	System Analyst (Zusammenfassung, Kanalisierung)	
Erstellung	primär: Inception, Elaboration-Phase sekundär: Construction, Transition-Phase	
Überarbeitung	regelmäßig, zu Beginn weniger formell später formell (Änderungsanträge)	
Form	Dokument(e) und/oder als Daten in einem Werkzeug	
Workflow-Details	Understand Stakeholder Needs	Elicit Stakeholder Needs

Als erstes werden Sie es in Ihren Projekten (hoffentlich) mit den Wünschen und Bedürfnissen der Auftraggeber zu tun bekommen. Diese *Needs* werden in ganz unterschiedlicher Form auf Sie zukommen. Ihre Aufgabe wird es sein, durch geeignete Techniken diese (teils verborgenen) Wünsche ans Tageslicht zu holen. Die gängigsten Techniken sind sicherlich Interviews und Workshops. Sie eignen sich besonders in frühen Projektiterationen. Später wird man zu formaleren Verfahren übergehen und z. B. *Change Records* erfassen.

Wir empfehlen Ihnen, die gesammelten ***Stakeholder Needs*** als Dokumentation Ihrer Workshops, Interviews etc. zu konsolidieren, d. h. in einem Dokument (*Stakeholder Needs*) zusammenzufassen. Der Inhalt des Dokuments ist die Grundlage für die „Verhandlung", was im Projekt tatsächlich umgesetzt werden soll. Es ist die Grundlage für ein gemeinsames Review zwischen Ihnen und Ihrem Auftraggeber.

Bedenken Sie, dass durch neue Erkenntnisse aus Workshops, Besprechungen, Reviews existierender Artefakte etc. – also Kommunikation immer wieder neue Wünsche erwachsen können. Auch durch das „Erlebnis", ein inkrementell wachsendes System zu verfolgen, werden Sie immer wieder mit neuen Wünschen rechnen müssen.

Wichtig ist es, die Änderungs- oder Erweiterungswünsche sauber zu dokumentieren und geplant(!) in folgenden Iterationen umzusetzen. Je nach Komplexität (Kosten und Zeit) der Änderungen und Neuerungen muss es auch legitim sein, Änderungen abzulehnen, auf späte Iterationen zu verlegen oder aber auch den

Gesamtprojektplan anzupassen (neue Budgetierung und Zeitplanung).

Wir werden an dieser Stelle nicht gesondert auf die Thematik Änderungsmanagement eingehen. Stattdessen verweisen wir Sie für Details auf die Titel, die wir in die Literaturliste aufgenommen haben.

Generell beschreibt ein ***Change Request*** eine **Änderung**, dies kann eine Fehlerbehebung, ein Erweiterungswunsch oder eine Modifikation sein, die an einem bestimmten Artefakt (Dokument, Modell, System) durchzuführen ist. Soweit die Theorie: In aller Regel werden Sie selbst herausfinden müssen, worauf genau sich ein Änderungswunsch bezieht.

Guidelines für *Stakeholder Requests*

Man kann das Dokument *Stakeholder Request* durchaus als eine Art „Verkaufsprospekt" (oder: *„Letter of Intend*") für den Kunden betrachten, in jedem Fall aber als Dokumentation dafür, dass man die wesentlichen Aspekte verstanden hat. Wenn Sie mit externen Kunden zutun haben, werden Sie dieses Dokument formaler halten. Bei kleinen internen Projekten, werden die Informationen auf der Hand liegen und die Dokumentation wird weniger formal gehandhabt.

- *Schritt 1: Stakeholder Profile ermitteln*
  Beschreiben Sie die *Stakeholder* für das Vorhaben, indem Sie sich darauf konzentrieren herauszubekommen, was der Nutzen für den jeweiligen *Stakeholder* ist, den das System ihm bietet. Dieser Schritt ist u. U. deshalb wichtig, weil Sie hier individuellen Nutzen herausarbeiten und Kundennähe beweisen.
- *Schritt 2: Problembeschreibung wiedergeben*
  Fassen Sie zusammen, welche Aspekte durch das zu entwerfende System gelöst werden sollen. Reißen sie kurz mögliche Lösungen an.
  Letztendlich geht es hier darum, die *Pain Points* aufzuzeigen und den Nutzen einer Lösung zu positionieren.
- *Schritt 3: Benutzungsumgebung (User-Profile) verstehen*
  Neben den *Stakeholdern* ist die Gruppe der Benutzer wichtig. Hieraus lassen sich viele Rahmenparameter ableiten (Schulungsaufwand, Benutzbarkeit des Systems etc.)

- *Schritt 4: Aussagen (Wünsche) zusammenfassen* (*Recap for Understanding*)
  Dokumentieren Sie in einem separaten Abschnitt, dass Sie die Bedürfnisse Ihres Gegenübers verstanden haben. Gleichzeitig wird Ihnen dieser signalisieren, ob Sie die Dinge aus dem richtigen Blickwinkel sehen.
- *Schritt 5: Alternativen aufzählen*
  Wenn gewünscht und nötig, gehen Sie kurz auf die Alternativen ein, die ein Problem lösen können, indem Sie sich auf die geäußerten Wünsche beziehen.
- *Schritt 6: Nicht funktionale Eigenschaften beschreiben*
  Versuchen Sie frühzeitig herauszubekommen, was für Wünsche hinsichtlich Verfügbarkeit, Wartbarkeit etc. beim Kunden existieren. Gleiches gilt für gesetzliche Regelungen.

Checkliste für *Stakeholder Requests*

- Haben Sie die *Stakeholder* möglichst vollständig erkannt?
- Wenn Sie ein existierendes System erweitern: Haben Sie alle „historischen“ Informationen für das Altsystem beachtet?
- Haben Sie genug Vertreter der *Stakeholder* befragt, um ein Bild mit genügend Diversität zu erhalten?
- Haben Sie die Zustimmung des Kunden zu Ihrem Arbeitspapier eingeholt?

Guidelines für *Change Requests*

Neben den recht informal geäußerten *Needs*, die zu Projektbeginn zusammengefasst werden, sollten Sie ebenfalls bereits zu Projektbeginn darüber nachdenken, formalisierte *Change Requests* zu erfassen. Im *Requirements Management* werden Sie hin und wieder auf den Begriff „**Warteraum**“ stoßen. Eine Änderung wird naturgemäß nicht ad hoc durchgeführt (es sei denn, es handelt sich um die Behebung eines kritischen Fehlers). Vielmehr wird man Änderungsanträge sammeln, sichten, ähnliche zusammenfassen und priorisieren, bevor man sie mit den Anforderungen abgleicht und die Realisierung beschließt oder ablehnt.

Es ist sinnvoll, *Change Requests* standardisiert zu erfassen und zu organisieren. Auch hier steht u. a. das Berichtswesen im Vordergrund, um kontrolliert die Änderungen auf den Weg zu bringen.

- *Schritt 1: Klassifikation durchführen*
  Achten Sie darauf, dass Sie die Möglichkeit haben, *Change Requests* zu klassifizieren (i. d. R. Erweiterung, Fehler, Modifikation). Dies hilft Ihnen auf jeden Fall bei der Planung und Priorisierung.
- *Schritt 2: Eindeutige Zuordnung ermöglichen*
  Ebenso sollten Sie vom Autor eines Change Requests, das Datum und seine Einschätzung der Priorität aus Dokumentationsgründen einfordern. Gleichzeitig sollten Sie jeder Anfrage eine eindeutige Referenznummer geben.
- *Schritt 3: Reproduzierbarkeit/Nachvollziehbarkeit gewährleisten*
  Neben diesen beiden identifizierenden Informationen sollten für die Beschreibung von Fehlern Daten erhoben werden, die eine Reproduzierbarkeit gewährleisten (z. B. Beschreibung der technischen Umgebung, genaue Fehlerbeschreibung), wenn das System betroffen ist.
- *Schritt 4: Referenzierung auf bestehende Artefakte durchführen*
  Beziehen sich Fehler auf Spezifikationen, so ist das betreffende Artefakt zu benennen.
- *Schritt 5: Soll-Beschreibung spezifizieren*
  Im Falle von Erweiterungen und Modifikationen sollte ebenfalls darauf geachtet werden, möglichst genau zu beschreiben, wie das „Soll" auszusehen hat (entweder in Bezug auf das System oder auf das, was in den Artefakten enthalten ist).
- *Schritt 6: Pflichtinformationen festlegen*
  Wenn Sie ein werkzeuggestütztes Verfahren aufbauen, sollten Sie sich dafür entscheiden, abhängig von der Art des *Change Requests* Pflichtfelder zu definieren, die Ihnen das Verständnis leichter machen (und gleichzeitig den Antragsteller zwingen, noch einmal gezielt über seinen Änderungsantrag nachzudenken).

In der Praxis wird man häufig finden, dass von *Change Requests* nur dann die Rede ist, wenn man sich auf das technische System (die Applikation) bezieht. Änderungsanträge, die sich auf die reine Spezifikationsebene beziehen, werden in aller Regel deutlich informaler gehandhabt. Das dürfte allerdings durchaus ein Grund dafür sein, dass gerade die Kosten für Änderungen mit der Projektlaufzeit explosionsartig ansteigen (ungeplante Iterationen).

Abhängig vom Projekt und vom Kunden macht es aber durchaus Sinn, auch Spezifikationsänderungen formal zu handhaben.

Checkliste für *Change Requests*

Während die Erfassung von Änderungswünschen häufig noch zu den leichteren Tätigkeiten gehört, darf man nicht vergessen, dass unter einem *Change Request* nicht nur die Erfassung der oben beschriebenen Informationen gemeint ist, sondern auch sämtliche Daten (Informationen) dazugehören, die für die weitere Bearbeitung notwendig sind. Aus diesem Grund ist die folgende Checkliste weniger für den Ersteller einer Änderungsanfrage gedacht, sondern vielmehr für diejenigen, die die Änderung im Projekt umzusetzen haben. Wenn Sie sich mit der Checkliste befassen, werden Sie ggf. auch noch einmal überdenken, welche Informationen Sie in einem *Change Request* tatsächlich erfassen wollen und wie man diese als Indikator für den Projektzustand einsetzen kann (Metriken).

- Fällt es Ihnen leicht, *Change Requests* auf existierende Spezifikationen zu projizieren? Sind die Informationen des *Change Requests* ausreichend?
- Wie umfangreich ist die Änderung? (*Traceability*: Welche Anforderungen sind betroffen?) Ist die Änderung überhaupt machbar? Welche Kosten entstehen? Wie ändert sich der Zeitplan?
- Was sind die Auswirkungen, wenn die Änderung *nicht* umgesetzt wird (politisch, technisch, andere Rahmenbedingungen)?
- Wann muss die Änderung spätestens durchgeführt werden (kritischer Pfad)? Wann sollte eine Änderung in Angriff genommen werden (Kapazität)?
- Welche Alternativen gibt es für die Umsetzung (Zeit, Kosten, Qualität)?
- Gibt es ähnliche Änderungsanträge, die man zusammenfassen kann? Wie häufig laufen „ähnliche" Änderungsanträge ein?
- Wer muss die Änderung genehmigen?
- Wenn die Änderung durchgeführt werden soll: Wie lässt sich die Änderung validieren? Sind alle betroffenen Spezifikationen beachtet worden (Vollständigkeit)?
- Gibt es viele funktionale Änderungen, obwohl das Projekt schon seit einiger Zeit läuft? Sind die Änderungen stets umfangreicher

Natur? Gibt es Rollen oder Personen, die besonders häufig Änderungen einbringen möchten?

- Werden *Change Requests* kontinuierlich abgearbeitet oder entsteht ein auf Dauer das Projekt belastender *Backlog*? (Insbesondere für reine Fehlerbehebung ein interessanter *Health-Indicator*.)

Da Änderungen für viele Projektrollen (vom Analytiker über den Programmierer bis hin zum Tester, Projektmanager etc.) von Bedeutung sind, sollte im Projekt stets ein ***Change Control Board*** (CCB) verankert werden. Dieses ist letzte Instanz im „Warteraum" und lässt Änderungen durch oder verwirft diese. Achten Sie insbesondere darauf, dass die tatsächlichen Änderungen, die aufgrund eines Änderungsantrags durchgeführt werden (System, Spezifikationen etc.) auch in den jeweiligen Artefakten fortgeschrieben werden und Ihre Anforderungsdokumente damit auf einem aktuellen Stand bleiben. Dies ist lebenswichtig für eine kontrolliert iterativ inkrementelle Vorgehensweise.

Last but not least sollten Sie einen Sprecher des CCB (den **Change Control Manager**) einsetzen, der über exzellente planerische und kommunikative Fähigkeiten verfügen muss und das intern wie extern. Er muss die Kosten und Auswirkungen gut abschätzen können und ggf. mit dem Auftraggeber aushandeln, weshalb bestimmte Änderungen nicht (oder noch nicht) bzw. zu welchen Konditionen bestimmte Änderungen durchgeführt werden können.

Das Vision-Dokument

verantwortlich	System Analyst	
Erstellung	Inception-Phase (möglichst früh)	
Überarbeitung	regelmäßig, wird aber spätestens mit Ende der Elaboration-Phase nicht mehr geändert	
Form	Dokument und/oder als Daten in einem Werkzeug	
Workflow-Details	Analyze the Problem Understand Stakeholder Needs	Develop Vision

Das **Vision**-Dokument ist das wichtigste „Vertragswerk“ zwischen dem Auftraggeber und dem Auftragnehmer: *„A document that keeps all parties work from the same book.”* Es ist das Bindeglied zwischen High-Level-Beschreibung und der späteren Umsetzung.

Mit der Vision soll der grundlegende Funktionsumfang (Features) inklusive einer Abgrenzung des Systems (Boundaries) sowie einer Beschreibung der Interessenten (Stakeholder) festgeschrieben werden. Es handelt sich hierbei also um eine erste High-Level-Beschreibung des zu implementierenden Systems. Hierzu ist es zunächst notwendig, eine Übereinkunft über die existierenden Probleme (Herausforderungen) zu erzielen, die durch die Systemimplementierung gelöst werden sollen: Was muss gelöst werden, warum? Welchen Wert hat die Problemlösung für die Stakeholder?

Damit ist die Vision dem Dokument *Stakeholder Requests* recht ähnlich, wobei die Vision bereits klar einen Lösungsweg aufzeigt.

Guideline für die Erstellung der Vision

Das Vision-Dokument ist letztlich ein Resultat aus Gesprächen, die frühzeitig mit dem Auftraggeber geführt werden und fasst die *Stakeholder Requests* in Form einer High-Level-Übereinkunft zusammen.

- *Schritt 1: Übereinkunft über das zugrunde liegende Problem*
  So eigenartig es klingen mag, aber viele Auftraggeber wissen gar nicht genau, welches Problem sie eigentlich durch ein IT-System lösen wollen. Bestes Beispiel der vergangenen Jahre sind sicherlich Web-Lösungen, von denen viele Auftraggeber gar nicht wussten, warum sie sie in Auftrag gegeben haben. Wenn Sie also in Ihrem Projekt den Auftrag haben, herauszufinden, was eigentlich genau das Problem ist, raten wir Ihnen kontinuierlich nachzuhaken, warum und weshalb bestimmte Dinge von Auftraggeberseite gewünscht werden.
  Im Wesentlichen geht es hier darum, sicherzustellen, dass später keine unliebsamen Überraschungen in Form impliziter (aber nie geäußerter) Anforderungen auf Sie zukommen.
  Fragen Sie immer wieder nach, bis sie glauben, das „Problem hinter dem Problem“ auch wirklich verstanden zu haben. Am besten führen Sie mehrere Workshops durch, die Ihnen die Problemlage verdeutlichen und den Wert der Investition in das Sys-

tem dem Auftraggeber klar machen (Kundenbindung!). Wir werden in Schritt 5 noch einmal auf dies zu sprechen kommen.

- *Schritt 2: Stakeholder festschreiben*
  Ebenso wie Schritt 1 scheint dies eine Banalität zu sein. Legen Sie die Stakeholder trotzdem explizit fest. Diese dienen dazu, dem Auftraggeber den Sinn seiner Investition klar zu machen. Stakeholder sind oft auch die Nutzer des Systems – Erstellen Sie Benutzerprofile, die später für die Use-Case-Modellierung wieder verwendet werden. Fragen Sie aber auch nach anderen Stakeholdern. Wenn Sie beispielsweise ein Standardprodukt entwickeln und später verkaufen wollen: Welcher Personenkreis im fokussierten Marktsegment wird sich für das Produkt interessieren? Warum?
- *Schritt 3: Systemgrenzen festlegen*
  Dieser Schritt ist ebenfalls eine Vorbereitung für die Use-Case-Modellierung und identifiziert den Mikrokosmos, in dem das System seine Aufgabe erfüllt. Hierzu gehört eine Beschreibung der Umgebung, für die das System geplant ist (z. B. Windows, Unix, *Embedded* o. ä.) ebenso wie die Spezifikation weiterer Systeme, mit denen eine Interaktion stattfinden soll.
- *Schritt 4: Einflussfaktoren (Constraints) spezifizieren*
  Für viele Systeme ist es wichtig, exogene Faktoren zu beschreiben, die erheblichen Einfluss auf den Entwurf des System haben können. Dies sind zum Beispiel behördliche/gesetzliche Aspekte (Archivierung, Datensicherheit etc.), die ggf. auch länderspezifisch sein können. Es können aber genauso gut politische, technische o. a. Faktoren sein. Ist das System überhaupt technisch realisierbar? Was für politische Auswirkungen wird eine Systemeinführung haben? Die hier dokumentierten Erkenntnisse sind eine wichtige Quelle für die zu erstellende *Supplementary Specification* (Architektur), spielen aber hinsichtlich der Betrachtung von Risiken eine nicht zu unterschätzende Rolle.
- *Schritt 5: Aufgabenstellung formulieren*
  Nachdem nun hoffentlich alle Beteiligten eine etwas genauere Vorstellung von dem IT-Vorhaben besitzen, ist es an der Zeit, den Wert des Systems zu beschreiben und damit u. a. die Investition des Auftraggebers zu rechtfertigen. Gleichzeitig helfen

die „Werthypothesen“, Probleme/Antworten von Lösungen/Fragen abzugrenzen. Letztlich sollte sich später jede Systemeigenschaft auf dieses „Wertesystem“ abbilden (und vom Nutzen her rechtfertigen) lassen: Warum brauche ich Produkteigenschaft xyz? Weil ich Problem A damit löse. Problembeschreibungen können nach folgendem Muster dokumentiert werden:

Das Problem	*<Problembeschreibung>*
betrifft	*<Beschreibung betroffener Stakeholder>*.
Die Auswirkung ist	*<Beschreibung des Effekts des Problems>*.
Eine erfolgreiche Lösung bietet	*<Aufzählung erzielbarer Vorteile/Nutzen>*.

- *Schritt 6: System-/Produkteigenschaften beschreiben*
  Unter Berücksichtigung der in Schritt 5 formulierten Thesen beinhaltet die Vision eine Spezifikation von High-Level-Eigenschaften des Systems (Feature, vgl. Requirements Management Plan). Hierzu gehört auch die Vergabe von Parametern wie Wichtigkeit (in Bezug auf den zu erzielenden Nutzen), Zuständigkeit, Status etc.
- *Schritt 7: Review der Ergebnisse*
  Wenn Sie die Vision fertig gestellt haben, sollten Sie sich – wie für alle Projektergebnisse – die Zeit für ein Review der Ergebnisse nehmen, weil – wie oben erwähnt – die Vision einen wichtigen vertraglichen Charakter besitzt. Sie ist Quelle für die Feinspezifikation und Umsetzung und am Projektende wird gegen sie verifiziert.

Checkliste für das Vision-Dokument

- Ist der Auftraggeber aufgrund der Problembeschreibung zufrieden mit dem Nutzen, den das System für ihn haben wird? Sieht er seine Investition gerechtfertigt?
- Sind sich alle einig über die Liste der Stakeholder? Sind alle Benutzergruppen bekannt?
- Herrscht Einigkeit über die Systemgrenzen und Einsatzbedingungen?
- Sind die Einflussfaktoren richtig dokumentiert (Achten Sie auf Gesetze, Richtlinien, Normen)?
- Haben Sie die politischen, technischen, ökonomischen Rahmenbedingungen ausreichend berücksichtigt? Gibt es vielleicht

konkurrierende Ziele zwischen unterschiedlichen Stakeholder-Gruppen, die das Projekt beeinflussen können?

- Haben die definierten Eigenschaften (Features), über die das System verfügen soll, einen Bezug zur Problembeschreibung? Anders formuliert: Fügt jedes Feature dem System einen Wert hinzu?
- Sind die Systemeigenschaften konform mit den Einflussfaktoren und Rahmenbedingungen (Constraints)?
- Hat Ihnen der Auftraggeber signalisiert, dass er alles in dem Dokument verstanden hat?

Verstehen Sie die Vision als Arbeitsgrundlage zwischen dem Projektteam und dem Auftraggeber. Die Vision ist in der Sprache und aus Sicht des Auftraggebers formuliert und spiegelt damit seine Verständniswelt wider.

Das Use-Case-Modell

verantwortlich	System Analyst	
Erstellung	Inception-Phase (frühes Konzept der Funktionalität)	
Überarbeitung	regelmäßig, sollte sich spätestens mit Ende der Elaboration-Phase stabilisiert haben (Umfang) Struktur kann sich noch in der Construction-Phase verfeinern	
Form	UML-Modell und/oder als Daten in einem Werkzeug	
Workflow-Details	Analyze the Problem Understand Stakeholder Needs Define the System	Find Actors and Use Cases

Das **Use-Case-Modell** repräsentiert eine High-Level-Sicht auf die Systemfunktionalität. Das bedeutet, dass man sich hier in frühen Projektphasen über die prinzipielle Funktionalität Gedanken macht (Entwurf) und diese zu einem späteren Zeitpunkt verfeinert bzw. aktualisiert. Dazu gehört u. a. auch die Abgrenzung des Systems gegen die Außenwelt: Was soll bzw. muss das System leisten, welche anderen Systeme werden verwendet?

Das Ergebnis ist die Erstellung eines Use-Case-Modells in der Unified Modeling Language mit den folgenden Elementen:

- **Actor**: Systemgrenze, Anwender oder technisches System
- **Use Case**: in sich abgeschlossene, sinnvolle, mit einem Ergebnis verbundene Handlung (Systeminteraktion)
- Modell: Zusammenspiel Akteure und Use Cases
- **Struktur**: logische Aufteilung in Pakete

Ein Use-Case-Modell eignet sich hervorragend als Diskussionsgrundlage über die Funktionalität, ohne zu detailliert zu werden. Schließlich verfolgen wir das Ziel, auf jeder Ebene unserer Anforderungen in der gleichen Detailtiefe zu bleiben. Dies ist mit Modellen in der Regel einfacher zu erreichen als mit textuellen Spezifikationen.

Gleichzeitig wird mit den funktionalen Anforderungen an das System selbstverständlich damit begonnen, die nicht funktionalen Eigenschaften, soweit sie sich aus den Use Cases ergeben (z. B. Antwortzeiten), zu erfassen. Die nicht funktionalen Analyseergebnisse werden wie bereits erwähnt in der *Supplementary Specification* niedergeschrieben.

In der Praxis hat es sich bewährt, das Use-Case-Modell mit UML-Designwerkzeugen zu erarbeiten, die einerseits die Struktur und andererseits die Visualisierung als Kommunikationsmedium (Beispiel siehe folgende Abbildung) zur Verfügung stellen.

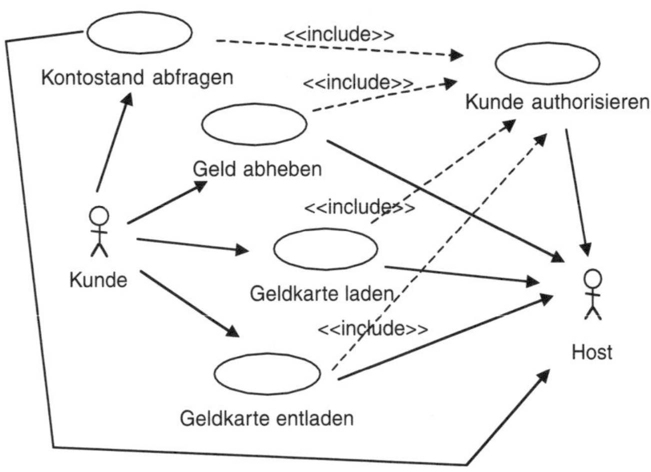

Die *Supplementary Specification* hingegen lässt sich am besten mit einem Anforderungsmanagementwerkzeug erstellen und verwalten.

Das Use-Case-Modell ist ein zentrales Artefakt im Rational Unified Process. Wie bereits erwähnt dient es als Kommunikationsmittel intern wie extern und treibt die Entwicklung voran (siehe nächste Abbildung).

- Der Softwarearchitekt identifiziert die für die **Architektur** des Systems wichtigen Aspekte aufgrund der im Use-Case-Modell geforderten Gesamtfunktionalität (System Supplementary Specification).
- Der Projektleiter erstellt anhand der Use Cases (Prioritäten, Risiken etc.) die Iterationspläne für das Projekt.
- Use Cases sind die Grundlage für die Arbeit der Softwaredesigner und -entwickler.
- Tester erkennen anhand der Use Cases, welche Funktionalität zu testen ist.
- Die Autoren der Benutzerdokumentation setzen ihre Arbeit auf den Use Cases auf.

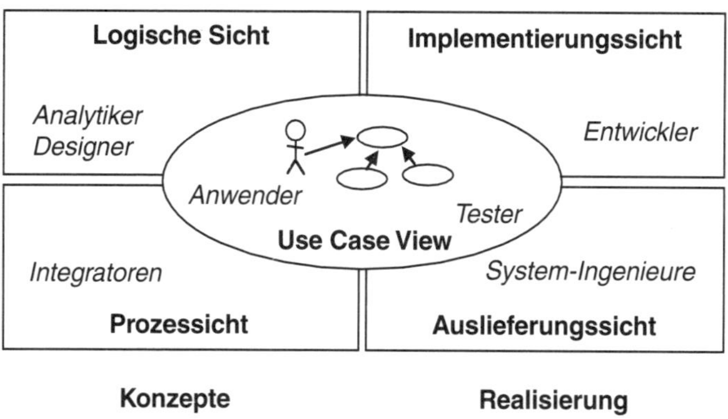

Quelle: Rational Unified Process

Guidelines für das Identifizieren der Akteure und Use Cases
Am besten finden Sie das, was das System leisten soll, heraus, indem sie zunächst mit einigen Beteiligten einen ***Use Case Workshop*** durchführen. Die Vorbereitung und Durchführung unterscheidet sich nicht von der typischer Workshops. Insbesondere raten wir Ihnen, darauf zu achten, die Anzahl der Teilnehmer auf ein effektives Maß zu beschränken (max. 10 Personen, Entwicklungsteam und Fachbereich/Auftraggeber gemischt). Außerdem sollen Sie einen guten Querschnitt der Interessenten (*Stakeholder*) auswählen, damit Sie das richtige Spektrum an Bedürfnissen und Wünschen für das von Ihnen zu entwerfende System bekommen. Ebensolches gilt für das Entwicklerteam – unterschiedliche Arbeitsschwerpunkte sorgen für erfrischende Diversität der Sichtweisen und Meinungen. Der Moderator sollte selbstverständlich über ausreichende Fähigkeiten verfügen, den Teilnehmern die notwendigen Informationen zu entlocken. Er trägt gleichzeitig Sorge dafür, dass man nicht in technische Tiefen abgleitet.

- *Schritt 1: Akteure finden*
  Befragen Sie die Workshopteilnehmer, wer mit dem System arbeiten wird (Anwender) und mit welchen anderen IT-Systemen es interagieren soll (technische Subsysteme). Meist fällt es den Teilnehmern leichter, konkrete Benutzer als abstrakte Rollen zu benennen. Sie sollten aber das Ziel haben, Benutzerrollen zu identifizieren.
- *Schritt 2: Akteure beschreiben*
  Finden Sie einige wenige (aber signifikante) Punkte, die die Akteure in Bezug auf die Arbeit mit dem System charakterisieren, und schreiben Sie diese analog zum Glossar auf. Dies wird Ihnen später helfen, herauszufinden, welche Bedürfnisse diese Rollen an das System stellen.
- *Schritt 3: Use Cases finden*
  Arbeiten Sie heraus, was die Akteure mit dem System machen, indem Sie sich den greifbaren Nutzen vor Augen halten. (Welche Handlung wird benötigt, um welches Ergebnis zu erzielen?). Vermeiden Sie es in dieser Phase unbedingt, mit UML-Begrifflichkeiten wie „*extend*“ oder „*include*“ zu hantieren! Verwenden Sie ruhig Sätze, die einen Use Case inhaltlich beschreiben. Schließlich sind Sie hier noch in der Findungsphase.

- *Schritt 4: Use Cases kurz beschreiben*
  Geben Sie jedem Use Case eine Kurzbeschreibung, die maximal drei Sätze lang ist. Wenn Sie feststellen, dass Sie mehr Sätze benötigen, macht es eventuell Sinn, den Use Case in mehrere aufzuteilen. Finden Sie einen Use Case zu trivial, haben Sie vielleicht nur einen Teil eines „echten" Use Case beschrieben. In dieser Phase sollten Sie einen Blick in ihr Vision-Dokument werfen und abgleichen, welche der dort geforderten Produkteigenschaften (*Features*) durch Use Cases funktional im System umgesetzt werden. Wenn Sie mit einem Anforderungsmanagementsystem arbeiten, bedeutet dies, dass Sie eine Abhängigkeit (*Traceability*) zwischen Ihrem *Feature* (FEAT) und dem Use Case (UC) herstellen (siehe *Requirements Management Plan*), um eine spätere Nachvollziehbarkeit zu gewährleisten. Gleiches gilt übrigens auch für die nicht funktionalen Anforderungen, die sich aus einem Use Case ergeben oder mit einem Use Case in Verbindung stehen (z. B. rechtliche Aspekte).
- *Schritt 5: Use Case Abläufe skizzieren*
  Nachdem Sie nun den Use Cases Kurzbeschreibungen gegeben haben, legen Sie los und skizzieren den so genannten „***Flow of Events***" (keine langen Texte, keine unnötigen Details, High-Level-Abstraktion ist gefragt! Vgl. neben stehende Abbildung). D. h. Sie beschreiben zunächst, welche Schritte zu einer erfolgreichen Durchführung führen, anschließend überlegen Sie sich mögliche Fehlerfälle und Alternativabläufe (Nummerierung nicht vergessen).

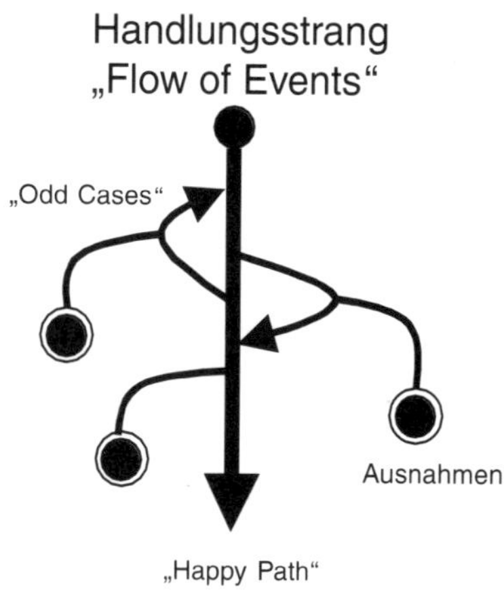

Nach diesem Schritt sollten Sie zu jedem Use Case eine Kurzspezifikation haben, wie sie schematisch in der nächsten Abbildung gezeigt ist. Die mit „UC x.y" bezeichneten Felder sollen die zu anderen Anforderungen hergestellten Abhängigkeiten symbolisieren (s. o.).

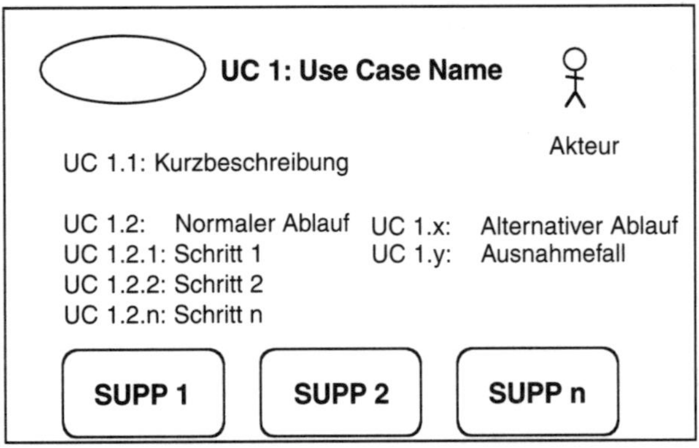

- *Schritt 6: Beziehungen zwischen Akteuren und Use Cases*
  Dokumentieren Sie, welcher Akteur mit welchem Use Case in Beziehung steht und ob die Beziehung uni- oder bi-direktional (Akteur agiert mit dem System und/oder umgekehrt) ist.
- *Schritt 7: Strukturierung der Use Cases*
  Finden Sie Oberbegriffe/Kategorien, unter denen Sie Use Cases gruppieren können. Das hilft, das System übersichtlich zu halten.
- *Schritt 8: Review der Ergebnisse*
  Beschließen Sie Ihren Use Case Workshop mit einem Review der erzielten Ergebnisse. Spätestens jetzt sollten Sie Ihren Use Cases – wenn noch nicht geschehen – prägnante Bezeichnungen geben, am besten je einen kurzen aktiven Satz bestehend aus Objekt und Verb („Geld abheben", „Konto eröffnen").

Gehen Sie in jedem Fall davon aus, dass das Use-Case-Modell immer wieder überarbeitet (verfeinert, ergänzt) wird, es sollte aber am Ende der Inception-Phase bereits die wichtigsten Aspekte des zu bauenden Systems beschreiben.

Checkliste Use Case Workshop/Use-Case-Modell

Akteure:

- Gibt es eine gute, allgemein akzeptierte Definition der Akteure?
- Haben Sie alle Personengruppen, die das System verwenden sollen, erfasst?
- Welche Daten werden ggf. auf ein anderes System übertragen? Auf welches? Haben Sie hierfür einen Akteur definiert?
- Welche Daten werden von anderen Systemen entgegengenommen? Von welchen? Haben Sie hierfür einen Akteur definiert?
- Haben Sie an diejenigen gedacht, die das System administrieren werden?
- Sind Vertreter der Akteure hinsichtlich ihrer Erwartungen befragt worden? Für jeden Akteur?

Use Cases:

- Gibt es Use Cases, die keinem Akteur zugewiesen sind? (Entweder fehlt ein Akteur oder der Use Case wird nicht benötigt.)
- Gibt es noch Akteure, die keinem Use Case zugewiesen sind? (Dann haben sie ggf. noch Use Cases vergessen.)
- Ist jedem Beteiligten der „Wert" eines Use Cases klar? (Wenn nicht, sind die Use Cases evtl. zu „klein" oder aber die Funktionalität ist nicht im eigentlich angedachten Leistungsumfang enthalten)
- Hat jeder Use Case einen vernünftigen Namen erhalten?
- Stimmt das Abstraktionsniveau: Ist ausschließlich beschrieben, was der Use Case macht, aber nicht wie?

Strukturierung:

- Gibt es Kategorien mit besonders vielen oder wenigen Use Cases? (Dann werden Sie umstrukturieren müssen.)

Abhängigkeiten/Traceability:

- Lässt sich für jeden Use Case eine entsprechende Anforderung in der Vision finden? (Sind möglichst viele funktionale Aspekte aus der Vision und den Stakeholder Requests auf Use Cases abgebildet)?
- Konnten aus der Use-Case-Beschreibung nicht funktionale Systemanforderungen abgeleitet werden und sind diese Abhängigkeiten dokumentiert?
- Welche funktionalen Aspekte aus der Vision sind nicht auf Use Cases abgebildet? Warum?

Die Supplementary Specification

verantwortlich	System Analyst	
Erstellung	Inception-Phase (früher Entwurf)	
Überarbeitung	regelmäßig, sollte sich spätestens mit Ende der Elaboration-Phase stabilisiert haben (Architektur!) Implementierungsdetails in der Construction-Phase	
Form	Dokument und/oder als Daten in einem Werkzeug	
Workflow-Details	Analyze the Problem Understand Stakeholder Needs Define the System	Develop Vision Find Actors and Use Cases Detail a Use Case Detail the Software Req.

Guideline für die Erstellung der *Supplementary Specification*

- *Schritt 1: **Qualitätsattribute** erfassen*

  Im Zusammenhang mit der ***Supplementary Specification*** werden Sie in aller Regel auf das Akronym **URPS** stoßen (manchmal auch auf die Bezeichnung Qualitätsattribute). Das Akronym steht für

  U – *Usability* (Handhabung)
  R – *Reliability* (Verlässlichkeit/Verfügbarkeit)
  P – *Performance* (Performanz)
  S – *Supportability* (Wartbarkeit)

  „Durchforsten" Sie am besten das *Vision*-Dokument, um die nicht funktionalen Anforderungen herauszuarbeiten. Hierzu gehört es auch, die in der *Vision* und den *Use Cases* enthaltenen funktionalen Anforderungen hinsichtlich URPS zu untersuchen.
- *Schritt 2: Physikalische Umgebung betrachten*

  Berücksichtigen bzw. hinterfragen Sie die geplante Systemlandschaft (Hardware, Netzwerktopologie) und dokumentieren Sie die für das System relevanten Informationen.
- *Schritt 3: Schnittstellen beschreiben*

  Welche anderen Systeme werden verwendet? Auch die Schnittstellenbeschreibung gehört zur Erfassung der nicht funktionalen Anforderungen.
- *Schritt 4: Standards und Regelungen dokumentieren*

  Finden Sie heraus, welchen Standards und (gesetzlichen) Regelungen das zu bauende System unterworfen ist. Achten Sie vor allem darauf, sicherheitsrelevante Anforderungen (u. a. Schutz von Leben) zu erfassen.

- *Schritt 5: Relevante Aspekte für die Systemarchitektur identifizieren*
  Die meisten nicht funktionalen Anforderungen, insbesondere die o. g. Qualitätsattribute werden sich auf die Wahl der Systemarchitektur auswirken. Sie sollten diese Information der entsprechenden Anforderung als Parameter mitgeben.
- *Schritt 6: **Design Constraints***
  Welche Anforderungen sind für die Architektur noch von Bedeutung, z. B. Programmiersprache, zu verwendende Bibliotheken, Datenbanken etc.
- *Schritt 7: Review durchführen und offene Punkte erfassen*
  Wie bei allen Spezifikationen sollten Sie die dokumentierten Anforderungen durchsehen und offene Punkte festhalten. Viele nicht funktionale Anforderungen werden implizit angenommen, das macht es so schwierig, sie explizit zu beschreiben. Beispielsweise erwartet jeder Benutzer, dass er zügig mit einem System arbeiten kann. Dennoch steht nicht immer notwendigerweise etwas über Antwortzeitverhalten in den Spezifikationen. Daher empfiehlt es sich gerade in Bezug auf (implizite) nicht funktionale Anforderungen, eine Liste mit **Annahmen** und/oder **offenen Punkten** zu führen, in denen derartige Informationen gehalten werden (***Assumption/Open Issue Log***). Aus dieser Liste entwickeln sich häufig die späteren Anforderungen.

In der Inception-Phase wird Ihre *Supplementary Specification* noch recht „löcherig", ungenau und unvollständig sein. Erst in der Elaboration-Phase werden Sie ein recht vollständiges Bild haben, das mit der Softwarearchitektur in Einklang stehen sollte. Während der Systemimplementierung werden Sie erst die konkreten Details dokumentieren.

Checkliste für die *Supplementary Specification*

- Haben Sie wirklich alle funktionalen Anforderungen hinterfragt?
- Ist die Verifizierbarkeit der nicht funktionalen Anforderungen gesichert? Gibt es eindeutige Abnahme-/Messkriterien und (natürlich) die notwendigen Messverfahren? Haben Sie Stan-

dardklauseln wie „System muss performant und skalierbar sein" konkreter gefasst?
- Sind Standardanforderungen (Durchsatz, Antwortzeiten, Kapazität, Verwendung von Ressourcen, Zuverlässigkeit) hinreichend eindeutig und zweifelsfrei dokumentiert?
- Haben Sie die *Supplementary Specification* schon zur Inception-Phase initial erstellt (parallel zur *Vision*)?
- Ist zum Ende der Elaboration-Phase sichergestellt, dass die Systemarchitektur die nicht funktionalen Anforderungen erfüllen kann?
- Ergeben sich in späteren Phasen (Construction-Phase) noch viele Änderungen oder Ergänzungen statt Verfeinerungen? (Wenn ja, ist Gefahr in Verzug, weil die gewählte Systemarchitektur die Änderungen nicht trägt.)

Die Anwendungsfälle (Use Cases)

verantwortlich	Requirements Specifier	
Erstellung	Inception-Phase (Konzept, Entwurf)	
Überarbeitung	Verfeinerung/Detaillierung: architekturrelevante Use Cases in der Elaboration-Phase, alle übrigen Use Cases in der Construction-Phase	
Form	Dokument/Modell und/oder als Daten in einem Werkzeug	
Workflow-Details	Analyze the Problem Understand Stakeholder Needs Define the System Refine the System	Develop Vision Find Actors and Use Cases Detail a Use Case

Wir sind bereits in Zusammenhang mit dem Use-Case-Modell auf **Use Cases** eingegangen. Neben dem reinen Modell ist es empfehlenswert, parallel direkt pro Use Case ein Dokument für die textuelle Spezifikation vorzusehen. Diese Dokumente sind zunächst noch sehr grob strukturiert und enthalten wenig Details. Mit dem Projektverlauf findet eine Verfeinerung statt. Die für die Systemfunktionalität kritischen, wichtigen Use Cases werden in der Elaboration-Phase ausgearbeitet, weil sie für den Architekturentwurf von entscheidender Bedeutung sind. Die restlichen Use Cases haben Zeit bis zur Construction-Phase.

Verfeinerung bedeutet u. a., dass der bereits für das Use-Case-Modell skizzierte „*Flow of Events*" textuell ausformuliert wird. Dies betrifft normalerweise alle Szenarien (den typischen Ablauf, Ausnahmen, Fehlerfälle).

Guideline für die Struktur eines Use-Case-Dokuments

Bestandteil	Erklärung	Anmerkung
Name	Bezeichnung des UC	korrespondiert mit Modellelement
Kurzbeschreibung	wenige erklärende Sätze	die „*Essentials*" und der Nutzen
Flow of Events (Handlungsstränge)	alle Szenarien eines UC	erforderlich!
Nicht funktionale Anforderungen	die den UC betreffen	„*Cross-Check*" mit der *Supplementary Specification*
Vorbedingung	Wann kann der UC ablaufen?	optional
Nachbedingung	Wie sieht das Ergebnis aus?	optional
Erweiterungspunkte	Wo starten andere Use Cases?	bei komplizierten Use Cases sind dies die Übergabepunkte an andere Use Cases
Beziehungen	zu Akteuren/Use Cases	optional (i. d. R. aus dem Modell ersichtlich)
Aktivitätsdiagramme	zur Gesamtillustration	optional
Use Case Diagramme	zur Kontextillustration	optional

Checkliste für Use Cases

Eine Checkliste für Use Cases haben wir bereits in Zusammenhang mit dem Use-Case-Modell aufgeführt. Dort wurde vor allem auf den Grobentwurf eingegangen. Für den Feinentwurf achten Sie am besten auf Folgendes:

- Gibt es innerhalb Ihrer Use Cases Vorgänge, die in mehreren Use Cases vorkommen? Dann sollten Sie diesen redundanten „Flow" in einem eigenen Use Case beschreiben und mit der UML-<<include>>-Beziehung in den jeweiligen Use Cases verwenden.

- Werden alternative Use-Case-Szenarien in Ihrer Beschreibung sehr umfangreich (ggf. länger als der normale Pfad oder gleich lang)? Hier sollten Sie ebenfalls einen eigenen Use Case anlegen und über die UML-<<extend>>-Beziehung referenzieren.
- Haben Ihre Use-Case-Beschreibungen ungefähr den gleichen Umfang? Falls nicht, haben Sie entweder nicht überall das gleiche Abstraktionsniveau in der Beschreibung oder beim Aufstellen der Use Cases verwendet.
- Existieren Use Cases mit ähnlichen (redundanten) Handlungssträngen, die aber in einigen Details unterschiedlich sind? Versuchen Sie möglichst diese Redundanzen zu konsolidieren.

Use Case Storyboard/Boundary Class/ User-Interface Prototype

verantwortlich	User-Interface Designer	
Erstellung	Elaboration-Phase (Konzept, Entwurf)	
Überarbeitung	Verfeinerung/Detaillierung: Construction-Phase	
Form	Dokument/Modell/Prototyp und/oder als Daten in einem Werkzeug	
Workflow-Details	Refine the System	Model the User-Interface

Als nächste Verfeinerungsstufe für Use Cases und damit zur Spezifikation der Systemfunktionalität bietet es sich an, sowohl mit formalen Techniken als auch mit informalen Techniken zu arbeiten. Wobei den letztgenannten eine besondere Bedeutung zukommt, weil es sich hier meist um Verfahren handelt, die dem Anwender bereits ein „Erleben" des Systems ermöglichen (Oberflächenprototyp, Grafiken etc.). Wir beschränken uns an dieser Stelle auf eine weniger eingehende Darstellung als bei den vorangegangenen Artefakten, weil es sich um Ergebnisse handelt, die wie gesagt meist weniger formal sind und zudem im Projektalltag eine optionale Komponente darstellen.

Use Case Storyboards dienen dazu, aus einer nicht technischen Sichtweise den Ablauf eines Use Case zu beschreiben. Diese

Aufgabe sollte durch einen *User-Interface Designer* wahrgenommen werden, der sich unter anderem um Aspekte wie Ergonomie Gedanken macht (hier können übrigens neue nicht funktionale *Supplementary Requirements* entdeckt werden). Als formale Verfahren kann der Autor eines *Use Case Storyboards* auf UML-Darstellungen (z. B. Aktivitäts-, Kollaborations- und Sequenzdiagramme) zurückgreifen, die Abläufe grafisch visualisieren und bereits eine gute Diskussionsgrundlage für ein Auftraggebergespräch darstellen.

Im Rahmen der *Use-Case-Storyboard*-Erstellung wird der *User-Interface Designer* die so genannten ***Boundary Classes*** in das UML-Analysemodell einfügen. *Boundary Classes* sind allgemein Schnittstellen zwischen einem Akteur und dem System. Der Designer wird sich selbstverständlich auf die Schnittstellen zu den menschlichen Akteuren konzentrieren, also die Benutzeroberfläche.

Am besten lassen sich *Boundary Classes* neben einer UML-Repräsentation und textuellen Beschreibung ihrer Funktionsweise durch **funktionale Prototypen** spezifizieren. Dies können im einfachsten Fall Prototypen sein, die in keiner Weise die Architektur des späteren Systems widerspiegeln, sondern einzig und allein die Interaktion mit dem Endanwender zeigen. Oft werden solche Prototypen in einfachen Programmiersprachen wie VisualBasic oder mittels spezialisierter GUI-Prototyper erstellt. Aus der Erfahrung wissen wir, dass nicht nur Ergonomie- und Designaspekte mit dem Kunden abgeglichen werden können, sondern häufig auch Fehler in den Abläufen (Use Cases) transparent werden. Manchmal ist es durchaus ausreichend, das *Look&Feel* eines Systems durch Grafiken zu veranschaulichen. Allerdings werden Sie hier deutlich seltener auf Inkonsistenzen im funktionalen Ablauf stoßen. Viele Web-Agenturen arbeiten gerne mit dem Medium Grafik-Prototypen, sofern es bei den zu erstellenden Systemen hauptsächlich um Marketingfragestellungen geht.

Vergleich zu Volere und dem XP-Ansatz

Wir haben in den vorangegangen Kapiteln einen Überblick bekommen, wie Anforderungsmanagement im Kontext des *Rational Unified Process* gesehen wird. In diesem Abschnitt wollen wir einen Bezug zu zwei anderen populären Vorgehensweisen, dem ***Extreme Programming*** (**XP**) und dem ***Volere***-Ansatz für Anforderungsmanagement, herstellen.

Anforderungsmanagement im XP-Kontext

XP ist ein Vorgehensmodell, das von seinen Anhängern als agiler oder leichtgewichtiger Prozess bezeichnet wird. Begründer von XP ist Kent Beck, der die Grundlagen in seinem Buch „Extreme Programming – Das Manifest" beschreibt. XP definiert eine Menge von organisatorischen Maßnahmen, die dazu führen sollen, die Komplexität eines Projekts zu reduzieren, frühes Feedback der Anwender einzuarbeiten, Kommunikation im Projekt sicherzustellen und aggressiv mit den Projektrisiken umzugehen. Genauso wie der RUP, hat XP einen iterativen und inkrementellen Charakter. Einen schematischen Überblick über die von XP genutzten Techniken zeigt die folgende Abbildung.

Für das Anforderungsmanagement in XP relevante Aufgaben sind z. B. so genannte ***User Stories***, das Planspiel und die Systemmetapher. *User Stories* werden in wenigen Sätzen durch den Anwender beschrieben und enthalten dessen Sichtweise auf eine bestimmte Anwendungsmöglichkeit oder Fähigkeit, die das System für ihn erfüllen soll. Dabei wird explizit Wert darauf gelegt, dass die *User Stories* kurz sind und keine technischen Details enthalten. Die Informationen sollen gerade ausreichend sein, um eine grobe Zeitplanung und Risikoabschätzung zu unterstützen. Im Vergleich zu Use-Case-Spezifikationen im RUP sind die *User Stories* daher wesentlich knapper gehalten und nicht formalisiert.

In einem Release-Planungsmeeting werden einzelne *User Stories* für die nächste Iteration ausgewählt. Bei der Implementierung der

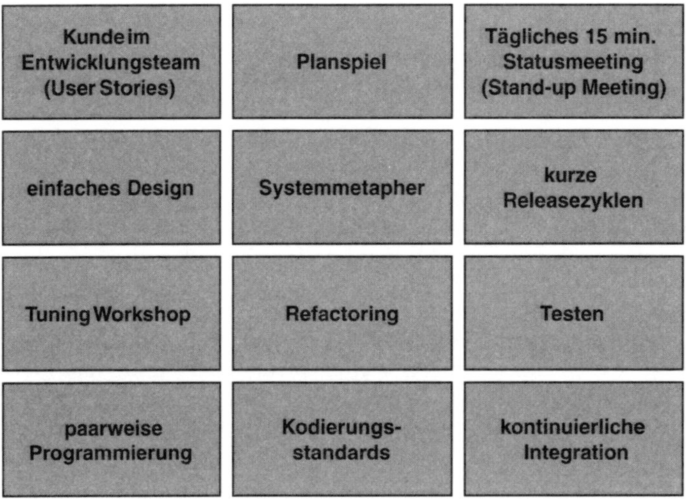

Quelle: Kent Beck

User Stories gehen die Entwickler zum Anwender und lassen sich die *User Stories* von ihm detaillierter erklären. Danach wird den *User Stories* ein entsprechender Zeitaufwand zugeteilt. Ist eine *Story* von der Aufwandsschätzung höher bewertet als z. B. mit drei Wochen Arbeit, wird diese in weitere *User Stories* zerlegt. Durch bestimmte organisatorische Maßnahmen, wie z. B. regelmäßige tägliche *Stand Up Meetings*, sollen Probleme und Anforderungen allen Teammitgliedern kommuniziert werden. *User Stories* sind erst komplett, nachdem deren Implementierung durch Akzeptanztests abgenommen worden ist.

XP definiert im Unterschied zum RUP keine formalen Dokumente für das Anforderungsmanagement. Durch die Integration eines Anwenders in das Entwicklungsteam (so genannter *Onsite-Customer*), der bei der Erstellung der *User Stories* behilflich ist, bzw. bestimmte fachliche Anforderungen und Entscheidungen prägt, soll ein frühes Feedback inklusive Risikominimierung sichergestellt werden. Endanwender werden auch beim Planspiel mit dem Entwicklungsteam (Planung der Iteration) mit einbezogen, bei dem sie die *User Stories* mit entsprechenden Prioritäten versehen müssen.

User Stories sind im RUP am ehesten mit dem von uns beschriebenen *Use Case Requirements Workshop* bzw. den *Use Case Storyboards* zu vergleichen. Der Workshop dient dazu, ein Use-Case-Modell aufzubauen, in dem initial ebenfalls wenige Sätze zu Verhalten und Ziel zur Charakterisierung eines Anwendungsfalls ausreichen. *Use Case Storyboards* und initiale Prototypen dienen den Anwendern und dem Projektteam dazu, ggf. neue Anforderungen zu finden, nachzuspielen und zu erklären. Im Gegensatz zu XP werden diese Anforderungen im RUP nach formalen Kriterien in verschiedene Typen (Systemanforderungen, Kundenanforderungen, Use Cases) klassifiziert, weiter formalisiert und detailliert (z. B. Dokumente, Use Case und Aktivitätsdiagramme).

Die **Systemmetapher** eines XP-Projekts ist eine kurze Beschreibung, um welche Art von System es sich handelt. Diese übergreifende Metapher leitet das Projekt als Grundidee für eine Architektur und das Design. Wenn ein Projektteam die Software für eine Stücklistenverwaltung entwirft, könnte die Metapher beispielsweise sein:

„Eine Stückliste für ein Produkt ist ein Baum, welcher aus einer bestimmten Menge von Baugruppen (Containern) und Einzelteilen (Elementen) besteht. Jeder Container kann wiederum aus einzelnen Elementen oder Containern zusammengesetzt sein. Die äußersten Blätter des Baumes sind immer Elemente, die Wurzel des Baumes immer ein Produkt.“

Aus der Systemmetapher werden alle Namensgebungen für die relevanten Hauptbestandteile der Software abgeleitet. Die Architektur des Systems wird nicht explizit durch einen Formalismus definiert. Im Gegensatz dazu werden im RUP für die Definition der Systemarchitektur (Disziplin Analyse und Design) u. a. ein Designmodell und das Softwarearchitekturdokument definiert. Diese Arbeitsergebnisse beschreiben die Architektur des Systems aus einer grafischen Sichtweise (UML) und mit einer fachlichen Beschreibung. Die Darstellung der Systemarchitektur orientiert sich dabei am 4+1 Sichtmodell des RUP (siehe Abbildung S. 55). Die Ableitung dieser Sichten geschieht aus den funktionalen Anforderungen (Use Cases) und den nicht funktionalen Anforderungen

(*Supplementary Specifications*). Im RUP stehen der Systemmetapher von XP mindestens drei Artefakte gegenüber, die die nicht funktionalen Anforderungen enthalten, bzw. deren Umsetzung dokumentieren. In der Bedeutung der Architektur liegt insgesamt einer der größten Unterschiede zwischen RUP und XP. Während XP davon ausgeht, dass sich die Architektur im Projekt entwickelt, ist RUP stark durch den Architekturgedanken geprägt.

Das Konzept der *Traceability* zwischen verschiedenen Anforderungen wird im RUP explizit genutzt, um eine Einflussanalyse bei Anforderungsänderungen einfach zu unterstützen. *Traceability* bei XP wird nicht durch formale Hilfsmittel oder Werkzeuge gesichert. Stattdessen soll durch organisatorische Maßnahmen und die bewusste Vereinfachung der Dokumentation der Anforderungen (rein aus Sicht der Endanwender) ein überschaubares Spezifikationsgerüst erzeugt werden. Die nicht funktionalen Anforderungen werden nicht explizit erfasst und sind entweder implizit in den *User Stories*, der Systemmetapher oder im Softwaredesign enthalten.

Anforderungsmanagement mit *Volere*

Ein weiteres populäres Verfahren für das Anforderungsmanagement ist der ***Volere***-Ansatz der *Atlantic Systems Guild*. *Volere* ist das italienische Verb für wollen, wünschen. Kern dieses Ansatzes ist neben Techniken für die Sammlung von Anforderungen eine Vorlage für die Strukturierung der Anforderungsspezifikation (*Requirements Specification Template*). Die Struktur dieser *Volere*-Vorlage ist nach folgenden Punkten organisiert:

- Motivation
  (Zweck des Projekts bzw. Produkts, Anwender, Kunden und Beteiligte)
- Projekteinschränkungen und Vorgaben
  (Bedingungen und Annahmen)
- Funktionale Anforderungen
  (z. B. Use-Case-Modell, Datenanforderungen)
- Nicht funktionale Anforderungen
  (Nutzbarkeit, Wartbarkeit, rechtliche Anforderungen etc.)

- Projektinformationen
  (z. B. Risiken, Kosten, Aufgabenliste)

Der große Vorteil einer solchen Vorlage ist, dass der Anwender auf eine standardisierte Struktur zurückgreifen kann, ohne ganz von vorn mit einer leeren Startlösung beginnen zu müssen. Nicht jedes Projekt hat die Zeit, sich Gedanken über die Anforderungsstrukturierung zu machen und genau da können Vorlagen wie *Volere* oder aus dem RUP sehr viel Zeit sparen. Mit *Volere* bekommt der Anwender eine systematisch strukturierte und sehr umfangreiche Vorlage für das Anforderungsmanagement. Die Vorlage ist auch für den Anwender mit vielen Hinweisen und Beispielen versehen, um sie im Projekt für eigene Anforderungen zu benutzen. Es ist möglich, die Vorlage in diverse Anforderungsmanagementwerkzeuge zu integrieren.

Der Hauptunterschied zum RUP ist, dass *Volere* alle Informationen in einem monolithischen Dokument hält, während RUP mehrere Artefakte für die entsprechenden Informationen vorsieht. In der Praxis macht eine Trennung des *Volere*-Dokuments in mehrere Dokumente für die parallele Bearbeitung durch unterschiedliche Rollen Sinn. Der RUP definiert vergleichbar mit dem Informationsgehalt der *Volere*-Vorlage z. B. folgende Artefakte in den Disziplinen Anforderungsmanagement und Projektmanagement:

- *Vision*
  (u. a. Zweck des Projekts bzw. Produkts, Anwender, Kunden und Beteiligte, Projekteinschränkungen und Vorgaben)
- *Supplementary Specifications*
  (nicht funktionale Anforderungen)
- Use-Case-Modell und Use-Case-Spezifikationen
  (funktionale Anforderungen)
- Risikoliste
- *Issue List*
  (aktuelle Probleme und offene Punkte)

Zusätzlich zur Dokumentenvorlage, die *Volere* definiert, schlagen die Autoren der *Atlantic Systems Guild* vor, die Anforderungen anhand einer standardisierten Schablone zu entwickeln, wie sie in ähnlicher Art und Weise in der folgenden Abbildung dargestellt ist. Diese Vorgehensweise ist sehr ähnlich zum RUP, in dem im Rahmen des *Reqirements Management Plans* die Eigenschaften (Attribute) einer Anforderung definiert werden. Insofern ist *Volere* ein starreres Schema zur Anforderungsbeschreibung, berücksichtig aber beispielsweise inhärent den Aspekt Verifikation.

ID#:	**Klassifikation:**
Beschreibung:	
Begründung:	Historie:
Bezug:	
Verifikation:	Konflikte:
Abhängigkeiten:	

Quelle: Volere

Generell besteht kein wirklich gravierender fachlicher Unterschied zwischen dem *Volere*-Ansatz und dem RUP, die Abweichungen liegen im Detail. Beide Verfahren geben dem Anwender in ähnlicher Weise Unterstützung bei der Frage der praktischen Umsetzung des Anforderungsmanagements im Projekt.

Zusammenfassung

XP ist ein Entwicklungsprozess, der folgendes Wertesystem als Basis hat (*Agiles Manifest*):

- *Menschen und Zusammenarbeit* vor Prozessen und Werkzeugen.
- *Funktionierende Software* vor umfassender Dokumentation.
- *Zusammenarbeit mit dem Kunden* vor vertraglicher Verhandlung.
- *Reaktion auf Veränderung* vor Einhaltung eines Plans.

Daher ist es wenig erstaunlich, dass formale Spezifikationen eine sehr untergeordnete Rolle spielen. Wichtig ist die Feststellung, dass XP als der vielleicht bekannteste Vertreter der agilen Prozesse auf gewissen Annahmen beruht, die Projektumfang und -voraussetzungen betreffen: Kleine Teams (ca. 10 Personen), kurze Laufzeit (< 1 Jahr), Kundenvertreter ständig verfügbar, *Business Case* für das Projekt in ausreichendem Maße bekannt.

Im Gegensatz dazu sind sowohl RUP als auch *Volere* für kleine Projekte mit den eben genannten Voraussetzungen ebenso geeignet wie für größere Projekte, in denen gewisse Formalismen notwendig und bestimmte Annahmen (Kundenvertreter ständig vor Ort) unrealistisch sind.

Einführung und Verwendung von Anforderungsmanagement-verfahren und -systemen

Effizientes und effektives Anforderungsmanagement (mit oder ohne RUP-Vorgehensweise) ist ohne entsprechend professionelle Werkzeugunterstützung nur schwer möglich. Schließlich möchten Sie ja gerade Ordnung und Übersicht in Ihre Spezifikationslandschaft bringen und die Zusammenhänge zwischen Anforderungen dokumentieren, um die Auswirkungen von Änderungen analysieren zu können.

In der Praxis scheitern Versuche, die rein dokumentenbasiert sind ebenso, wie solche, die Tabellenkalkulationen oder kleinere Datenbankapplikationen einzusetzen versuchen, irgendwann am Wartungsaufwand und an der Komplexität. In diesem Kapitel möchten wir näher auf den Punkt Werkzeugeinsatz und praktische Anwendung von Verfahren und Herausforderungen in der Praxis eingehen.

Verfahrenstechnische Herausforderungen

Die bisherigen Abschnitte dieses Kompaktbandes haben vor allem eine inhaltliche Sichtweise auf den Anforderungsmanagementprozess gelegt. Im Alltag werden Sie aber nicht nur inhaltlichen Fragen begegnen, sondern gerade den verfahrenstechnischen Diskussionen. Wir möchten aus unserer Erfahrung heraus ein paar Herausforderungen beschreiben, auf die Sie häufig treffen werden.

Herausforderung #1: Dokument(e) und Inhalt

An anderer Stelle hatten wir bereits kurz angesprochen, dass es ein Ziel von Anforderungsmanagement sein muss, von monolithischen Dokumenten wegzukommen. Das hilft einerseits klarer zu spezifizieren und Detailebenen einzuhalten (daher die Unterscheidung von verschiedenen Artefakten im RUP), andererseits ist es eine Form der **Komplexitätsbewältigung**. Wer liest schon gerne

300 Seiten Spezifikation, wenn nur 10 Seiten davon für den Arbeitsbereich relevant sind. Dummerweise sind aber die für eine bestimmte Rolle interessanten Informationen i. d. R. über viele Seiten verstreut, sodass die Sammlung gar nicht anders als durch Sichtung von 300 Seiten Ausgangsmaterial funktionieren kann. Dass hierbei Fehler und Unachtsamkeiten passieren und Inkonsistenzen nicht gefunden werden, liegt auf der Hand.

Dennoch ist die Abkehr vom „Monsterdokument" eine echte Herausforderung, weil sich offensichtlich die meisten Menschen an diese Art und Weise der Spezifikation gewöhnt haben. Daher ist es aus Akzeptanzgründen wichtig, viele gewohnte Arbeitsweisen beizubehalten, also beispielsweise das Arbeiten mit Microsoft Word, um Dokumente zu erfassen. Vielen Projektmitarbeitern fällt das Verständnis leichter, wenn man ihnen zeigt, dass Anforderungsmanagementwerkzeuge die unterschiedlichen Dokumente in eines aggregieren können (Reportgeneratoren) oder dass sogar das Textverarbeitungssystem über eine derartige Funktionalität verfügt. Später werden Sie diese Funktionalität wahrscheinlich nie wieder brauchen, aber Sie haben Ihren Mitarbeitern etwas gezeigt, womit sie vertraut sind.

Arbeiten Sie mit folgenden Argumenten:

- Weniger unwichtige Informationen für den Einzelnen.
- Marginale Änderungen, weiterhin Arbeit mit Textverarbeitung.
- Bessere Qualität der Spezifikationen.
- Bessere Übersicht und dennoch alle Artefakte zentral verfügbar.
- Paralleles Arbeiten ist mit monolithischen Dokumenten unmöglich.

Wenn Sie es geschafft haben, Ihren Mitarbeitern die Arbeit mit mehreren Dokumenten schmackhaft zu machen, wartet die nächste Hürde auf Sie. Vielleicht erinnern Sie sich noch, dass wir davon gesprochen haben, dass aus dem Anforderungsmanagementgedanken heraus ein Dokument mit einer Hülle vergleichbar ist, die Anforderungen eine Form gibt, um sie zu „transportieren" und kommunizieren (ein Container für Anforderungen).

Das bedeutet, dass wir starken Wert auf den Inhalt eines Dokuments, dessen Strukturierung und Verwaltung legen wollen. Der Grund hierfür liegt darin, dass wir auf inhaltlicher Ebene Bezüge herstellen und inhaltsbezogen auf Informationen schnell und gezielt zugreifen möchten. Wir vergleichen dies häufig mit einer Indizierung der Dokumente, genauer mit einer Klassifikation des Inhalts, der dem einzelnen hilft, Anforderungen schneller wieder zu finden. Zugleich werden den in einem Dokument identifizierten Anforderungen Parameter gegeben, die z. B. wichtig für die Projektplanung sind. Von demjenigen, der Spezifikationen schreibt, also Anforderungen erfasst, wird das häufig als zusätzliche Belastung gesehen. Argumente für diese notwendige Tätigkeit:

- Zusätzliche Qualifikation von Anforderungen durch Attribute erleichtert das Wiederfinden von Informationen und macht Wissen explizit, das sonst nur in sekundären Systemen (Projektplan etc.) implizit verborgen ist.
- Die Mehrarbeit, die zusammengehörenden Informationen in diversen redundanten Quellen konsistent zu halten, ist deutlich größer als ein konsequentes Arbeiten mit nur einem Quellsystem.
- Der Aufwand ist marginal höher. Vergleichen Sie die Situation mit der eines Projektmitglieds, das ein Dokument liest und die wichtigen Stellen (Anforderungen) mit einem Textmarker anstreicht.

Herausforderung #2: Requirements-Management-Informationsmodell

Sie werden in der Literatur dann und wann den Begriff ***Requirements Management Information Model*** (RMI) finden. Im Rational Unified Process ist dies Bestandteil des *Project Management Plan* und beschreibt, wie Anforderungen organisatorisch und technisch erfasst werden: Klassifikation von Dokumenten, Klassifikation von Anforderungen, die Anforderungen beschreibenden Attribute, Verlinkungsstruktur der Anforderungen etc. Abstrakter kann man dies als ein Datenmodell für die strukturierte Erfassung und Verwaltung von Anforderungen betrachten. In der Guideline und Checkliste zum *Requirements Management Plan* haben wir bereits einige wichtige Hinweise zum Finden und Ausgestalten des RMI gegeben. Zusammenfassend sollten Sie vor allem Folgendes im Kopf behalten:

- KISS – *Keep it small and simple.*
- Ökonomisch denken, Verwaltungsaufwand minimal halten.
- Metriken und Berichtswesen im Kopf haben, d. h. nur Daten einpflegen, mit denen man auch wirklich arbeiten will.
- Mit den Erfahrungen wachsen und Systematik Projekt für Projekt ausbauen.

Wenn Sie nicht mit vorgegebenen Standardschablonen arbeiten, sollten Sie rund 1–2 Tage für die Umsetzung eines RMI veranschlagen, wobei i. A. 75 % in das Konzept und 25 % in die Implementierung fließen.

Herausforderung #3: Erfassen von Anforderungen (Stil und Form)

Im Rahmen der Herausforderung #1 haben wir beschrieben, dass es wichtig ist, die Mitarbeiter zur Verwendung eines Anforderungsmanagementsystems zu motivieren, um Akzeptanz und damit eine zügige Einführung und Qualitätssteigerung zu erzielen. Darüber hinaus ist es meist auch empfehlenswert, die Mitarbeiter „stilistisch" anzuregen, also darüber nachzudenken, *wie* eine Anforderung zu spezifizieren ist, worauf sie achten sollten usw.

Um den Rahmen des Kompaktcharakters dieser Buchreihe nicht zu sprengen, können wir diesen Punkt leider nur kurz anreißen. Wir kennen aus der Einleitung die Forderung, dass eine Anforderung

- eindeutig,
- vollständig und widerspruchsfrei,
- umsetzbar und verifizierbar
- sowie verständlich

sein muss.

Im Alltag finden wir stattdessen Pflichtenhefte mit viel Prosa, interpretierbaren Aussagen („Das System muss performant und skalierbar sein." – Was heißt performant?), unklaren Ausführungen ("Man muss dafür Sorge tragen, dass keine Daten verloren gehen." – Wer?) und anderen unklaren Formulierungen („Fast alle Benutzer des Systems erwarten eine Antwortzeit von unter zwei Sekunden." – Und wer nicht?).

In den ersten Phasen der Anforderungssammlung (*Stakeholder Requests*) sind dies Punkte, mit denen man noch leben kann. Bei der anschließenden Verfeinerung darf dies selbstverständlich nicht mehr der Fall sein.

Aufgabe der Verfasser von Anforderungen ist es u. a., die oben angeführten Unzulänglichkeiten zu entdecken, zu hinterfragen und in Anforderungen zu transformieren, die den o. g. Punkten genügen. In der Praxis haben wir festgestellt, dass es den Beteiligten vor allem hilft, folgende Fragen stets vor Augen zu haben, um zu besser formulierten Anforderungen zu kommen:

- Wie verifiziere ich, dass die Anforderung erfüllt ist?
- Wen lasse ich welche Anforderungen (fachlich und sachlich) gegenlesen (*reviewen*)?

Wenn Sie dann immer noch feststellen, dass die Qualität der Formulierung Ihrer Anforderungen unzureichend ist, sollten Sie sich mit speziellen natürlich-sprachlichen Verfahren beschäftigen (vgl. Literatur).

Neben dem Stil ist selbstverständlich auch die Form der Anforderungsaufnahme ein wichtiger Bestandteil der täglichen Arbeit, d. h. auch das Einpflegen der Attribute, die im RMI und im *Requirements Management Plan* festgehalten worden sind. Tipps für die Attributbelegung haben wir auch bereits im Kontext des *Requirements Management Plan* vorgestellt.

- Stellen Sie sicher, dass ein gemeinsames Verständnis über die Art und Weise der Erfassung gegeben ist und alle Parameter gleichsam in ihrer Bedeutung verstanden werden (*daher auch der Requirements Management Plan*!)

Herausforderung #4: Abhängigkeiten und Analysen

Abhängigkeiten von Anforderungen sind stets bi-direktional. Erinnern wir uns an die verschiedenen Abbildungen, in denen wir den Abhängigkeitsgedanken illustriert haben. Im Sinne eines „*Flow-Down*“-Entwurfs, also einer Verfeinerung, ergibt sich naturgemäß eine Verlinkung von groben Spezifikationen auf Feinspezifikationen. Andererseits hängt die Detailsichtweise von der High-Level-Sichtweise ab („*Bottom-Up*“). Anforderungsmanagementsysteme unterscheiden aus Darstellungsgründen häufig eine Richtung, um dem *Trace* die Semantik „abgeleitet aus“ oder „hängt ab von“ zu geben. Beide Sichtweisen sind äquivalent und werden von den Werkzeugen intern bi-direktional abgebildet.

Konkret bedeutet dies, dass, egal wo sich in dieser Kette Änderungen ergeben, eine potenzielle Inkonsistenz in der Gesamtsicht auftreten kann. Das ist übrigens ein Grund dafür, dass ursprüngliche Pflichtenhefte und spätere Feinspezifikationen oft weit auseinanderdriften: Die Nachverfolgung von Änderungen ist eine höchst anspruchsvolle Tätigkeit, wenn sie rein manuell durchgeführt wird.

Wir haben in diesem Buch an verschiedenen Stellen auf die Bedeutung der *Traceability* hingewiesen. Achten Sie auf Folgendes:

- KISS – *Keep it small and simple.*
- Verlinken Sie nicht alles mit jedem!
- Verlinken Sie vornehmlich unterschiedliche Detailebenen, gehen Sie mit Links auf einer Detailstufe sparsam um (nur da, wo es Sinn macht, z. B. Verlinkung funktionaler Anforderungen (UC) mit nicht funktionalen (SUPP)).
- Nutzen Sie Abfragen und Metriken, um mögliche Inkonsistenzen („*Suspect Traces/Links*") zu entdecken und diese zu analysieren

Wenn Sie in Ihren Projekten sauber mit *Traceability* umgehen, werden alle Projektbeteiligten aus dem System ihre aktuellen „Baustellen" selbst herausfiltern können, um sicherzustellen, dass ihre Spezifikationskette durchgängig und nachvollziehbar ist.

Herausforderung #5: Regelmäßige Metriken/Berichte erstellen

Wir kennen viele Projekte, in denen Werkzeuge eingesetzt werden, ohne dass man sich über den Grund dafür im Klaren ist. Oft wird ein bisschen Dokumentation erzeugt oder aber es wird gleich ein Datengrab erschaffen, in das ohne Ende Daten hineingebracht werden, ohne dass jemals eine Analyse stattfindet (das gilt nicht nur für Anforderungsmanagementwerkzeuge!). Die Motivation der Projektmitarbeiter schwindet spätestens, wenn die Daten, die sie mehr oder weniger aufwendig pflegen, nicht weiterverwendet werden.

Gerade die Analyse einer Anforderungsdatenbasis kann viele wichtige Fragen nach dem Projektzustand beantworten:

- Welche Anforderungen befinden sich in der aktuellen Iteration in der Realisierung? Welche werden in den folgenden Iterationen angegangen?
- Sind alle Anforderungen gemäß der gewünschten Abhängigkeiten miteinander verkettet? (Vollständigkeitsanalyse, wo fehlt noch etwas?)

- Ist die Priorisierung der Anforderungen hinsichtlich des *Benefits* für die *Stakeholder* abgestimmt? (Abstimmung mit dem Auftraggeber anhand eines Berichts über die High-Level-Anforderungen.)
- Sind die Priorisierungen plausibel, d. h. konsistent (realistisch) mit den verfügbaren Ressourcen? (Schließlich sollen die Parameter der Anforderungen zu einer Iterationsplanung führen!)
- Dito: Spiegeln die im *Requirements Management Plan* definierten Metriken einen konsistenten Stand wider? Wie ist der Zustand des Projekts anhand der Metriken zu bewerten?
- Sind Standard-Parameter wie Risiko und Aufwand mit den notwendigen Projektbeteiligten abgeglichen (Projektleiter, Architekt)?
- Spiegelt der Standard-Parameter Stabilität (anders ausgedrückt: die Wahrscheinlichkeit von Änderungen) die reale Situation wider? Lassen Sie einfach mal eine Abfrage gegen Ihre Datenbasis laufen, die Ihnen sagt, wie häufig welche Anforderungen in einem bestimmten Zeitfenster (Woche, Monat) geändert worden sind!

Metriken und Berichte sind wichtige Indikatoren für Ihr Projekt. Indem Sie sie bewusst, gezielt und öffentlich einsetzen, zeigen Sie Weitblick für das Projekt, schaffen die Grundlage für erfolgreiche Reviews und zeigen den Projektmitgliedern, dass ihre Arbeit gewürdigt und aktiv genutzt wird.

Daher erneuern wir noch einmal unseren Appell aus dem Zusammenhang des *Requirements Management Plan*:

- Überlegen Sie sich Metriken und Berichte, die Sie für die Projektsteuerung, Reviewtätigkeiten und Auswirkungsanalysen verwenden wollen.
- Welche Daten/Informationen zu einer Anforderung benötigen Sie, um das zu erreichen?

Herausforderung #6: Einführung

Wir haben in diesem Abschnitt bereits einige Worte über Aspekte verloren, die Sie bei einer Einführung von Anforderungsmanagement und einem geeigneten Werkzeug berücksichtigen sollten. Diese Betrachtungen wollen wir noch ergänzen.

Wie alle organisatorischen Änderungen in einer Firma ist auch die Einführung von Softwareentwicklungsprozessen oder Teilbereichen wie dem Anforderungsmanagement eine organisatorische, politische und technische Herausforderung, wobei die hier gewählte Aufzählungsreihenfolge keinesfalls zufällig ist. Anforderungsmanagement scheitert in der Praxis so gut wie nie an technologischen Gründen. Einzige Ausnahme: Sie versuchen Ihr „Glück" mit Tabellen, Dokumenten und selbst gestrickten Datenbankanwendungen und stecken damit viel Zeit und Geld in Werkzeuge, die es durchdacht und praxiserprobt bereits gibt.

Organisatorisch (*was, wann, wie*) sollten Sie neue Prozesse stets gut im Griff haben, über einen geeigneten Projektplan zur Umsetzung verfügen und auch die politischen Aspekte im Hinterkopf haben. Es ist menschlich, dass Neuerungen nicht immer nur zu Begeisterungsstürmen bei den Betroffenen führen, sondern auch zu Ängsten (Kontrollierbarkeit, Mehraufwand und damit Projektverzug etc.). *Top-Down*-Einführungen über die Mitarbeiter hinweg sind ebenso ungeeignet wie *Bottom-Up*-Ansätze, in denen jeder ein Mitspracherecht hat. Man könnte sicherlich ein ganzes Buch nur über dieses Thema verfassen, wir wollen Ihnen hier ein paar kleine Denkanstöße für den Alltag mit auf den Weg geben:

- Akzeptieren Sie, dass Neuerungen zunächst einen gewissen Aufwand bedeuten (*Capability-Dip*) und erst nach und nach Qualitäts- und Produktivitätssteigerung erzielt werden.
- Bauen Sie intern rechtzeitig und fortlaufend (ggf. mit externer Hilfe) Know-how auf, mit dem Sie den *Capability-Dip* im Projekt kompensieren können. Geben Sie den ausgewählten Mitarbeitern genug Zeit, die Aufgabe gezielt wahrzunehmen. Dafür ist i. d. R. die Rückendeckung der Geschäftsleitung wichtig.
- Geben Sie Ihren Projekten den ausgebildeten *Coach/Mentor* als zusätzliche Ressource, die in der Anfangsphase als ständiger Ansprechpartner (fast täglich) zur Verfügung steht und sich dann nach und nach aus dem Projekt zurückzieht (wöchentliche, monatliche Reviews).
- Situationsbedingt kann es Sinn machen, einen externen Coach mit der Aufgabe zu betrauen, wenn Sie glauben, dass ein interner Coach nicht die nötige Akzeptanz hat.

- Wählen Sie ein Projekt aus, dass *kein* Spielzeugprojekt ist, sondern eine gewisse Bedeutung für das Unternehmen hat. Spielzeugprojekte bringen keine realistischen Ergebnisse und oft wird mit den sprichwörtlichen „Kanonen auf Spatzen geschossen", sodass sich Aufwand und Nutzen in so einem Projekt nicht rechnen. Außerdem haben wichtige Projekte die notwendige Rückendeckung der Geschäftsleitung (s. o.).
- Beteiligen Sie an der Planung die wichtigen Leute, von denen Sie glauben, dass Sie einen positiven Beitrag leisten können und genügend Praxiserfahrung mitbringen (Was geht häufig schief? Woran muss dringend gearbeitet werden?).
- Identifizieren Sie die „Bedenkenträger" und deren Bedenken. Bauen Sie Argumentationen auf, weshalb jeder Einzelne von der Neuerung profitieren wird. Machen Sie rechtzeitig Werbung für Ihr Vorhaben, sofern es sich um ein größeres *Roll-Out* handelt.
- Seien Sie kreativ und versuchen Sie Dinge zu bewältigen, die den Mitarbeitern oder dem Unternehmen schnell Ergebnisse (Verbesserungen) bringen (so genannte *Quick Wins*). Das motiviert und Motivation ist erfahrungsgemäß das, was Organisationsänderungen am besten voranbringt.
- Hängen Sie sich nicht an Begrifflichkeiten auf! In manchen Unternehmen ist z. B. der Begriff *Vision* (lat. Traumbild) verpönt. Sie können lange argumentieren, dass auch die Übersetzung „Zukunftsbild" korrekt ist. Besser ist es, wenn Sie einen neutralen Begriff finden, der keine Diskussionen entfacht.

Werkzeuge für das Anforderungsmanagement

Wir empfehlen Ihnen dringend den Einsatz eines Werkzeugs in Betracht zu ziehen, wenn Sie Anforderungsmanagement systematisch in Ihrem Projekt einführen möchten. Der *International Council on Systems Engineering* (INCOSE) hat auf seiner Web-Site eine recht umfangreiche Auflistung von Anforderungsmanagementwerkzeugen, die auch gleichzeitig ausführlich Auskunft über die jeweiligen Leistungsmerkmale gibt. Wichtige Merkmale eines **Anforderungsmanagementwerkzeug**s sind u. a.:

- zentrales Dokumentenmanagement
  ... damit das lästige Suchen von Spezifikationen wegfällt.
- anpassbare Klassifikation von Dokumenttypen
  anpassbare Klassifikation von Anforderungstypen
  anpassbare Klassifikation von Anforderungsattributen
  ... zur einfachen Anpassung an Ihre Situation.
- Einrichtung von Benutzerprofilen und -berechtigungen
  ... um Sicherheitsaspekte (Wer darf was ändern?) zu adressieren.
- bekannter Editor für die Erfassung von Dokumenten (am besten Microsoft Word o. ä.)
  ... damit im Großen und Ganzen so wie immer gearbeitet werden kann.
- Verwendungsmöglichkeiten von Vorlagen
  ... um schneller den Einstieg zu schaffen.
- datenbankgestützte Verwaltung der Dokumentinhalte (Anforderungen)
  ... zur Komplexitätsbewältigung und um effizienter Informationen zu finden (siehe nächster Punkt).
- Abfrage-Möglichkeiten für Metriken und Berichte
  ... als Planungsgrundlage und für *Health-Checks.*
- Verwaltung von Abhängigkeiten/*Traceabilities* (auch grafisch)
  ... damit Sie in der Lage sind, Auswirkungsanalysen bei Änderungen durchzuführen.
- *Suspect-Link*-Markierung bei Änderung abhängiger Anforderungen (Hinweis auf Inkonsistenzen, die sich durch Änderung einer Anforderung in einer Kette von Anforderungen ergeben könnten.)
  ... um automatische Warnungen zu erhalten, wenn Änderungen andere Systemaspekte potenziell betreffen.
- Web-Interface für verteiltes Arbeiten
  ... über verschiedene geografische Lokationen hinweg, die aber trotzdem auf eine konsistente Spezifikationsgrundlage zurückgreifen.
- Offline-Authoring-Möglichkeiten
  ... zur Arbeit unterwegs ohne Zugriff auf das zentrale Repository.
- Groupware-Mechanismen (z. B. Diskussionen)
  ... steigern die Performanz des Teams und haben mitunter wichtigen dokumentarischen Charakter.
- Schnittstellen zu anderen Werkzeugen im Softwarelebenszyklus (z. B. UML-Werkzeuge)

... Ihr Projekt ist nicht mit den Anforderungen zu Ende, die Abhängigkeitsketten ziehen sich über das Design, zur Implementierung und bis in den Betrieb des Produktes.

Die folgenden beiden Abbildungen skizzieren beispielhaft Ausschnitte aus einem Anforderungsmanagementwerkzeug. Zunächst eine Dokumentensichtweise, in der innerhalb der Dokumente Anforderungen markiert und klassifiziert sind. Im Anschluss haben wir den gleichen Sachverhalt dokumentenunabhängig dargestellt, wie er sich aus der Datenbanksicht ergibt.

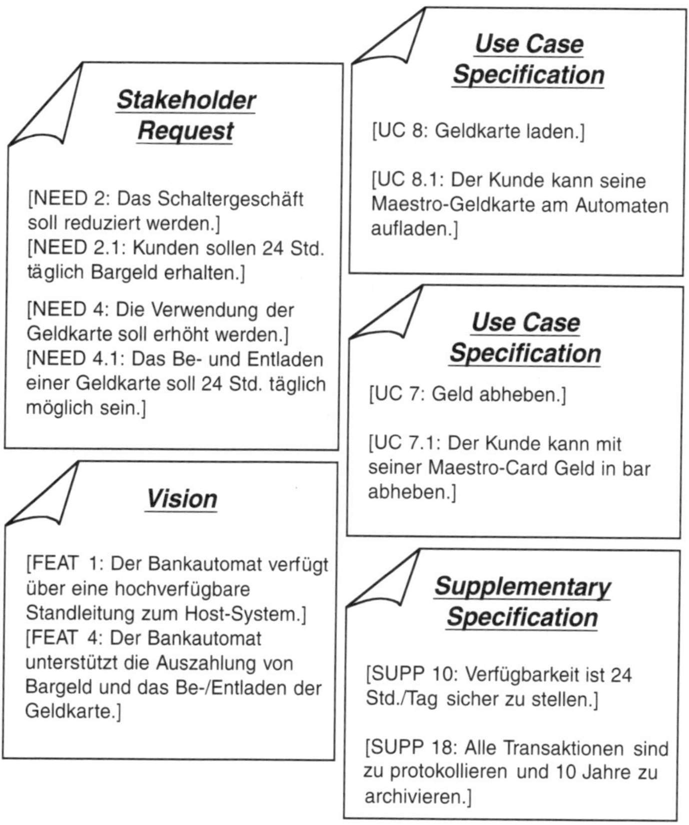

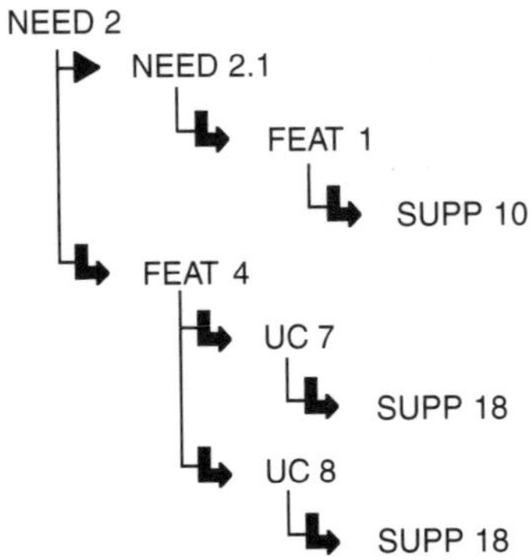

Requirement	Priority	Status	Assigned	Effort	Stability
NEED 2	high	approved	Schmidt	5	high

Requirement	Priority	Status	Assigned	Effort	Stability
FEAT 1	high	proposed	Paul	10	high

Requirement	Priority	Status	Assigned	Effort	Stability
UC 7	high	approved	Mller	8	high
UC 8	medium	proposed	Paul	10	medium

Requirement	Priority	Status	Assigned	Effort	Stability
SUPP 10	medium	proposed	Hein		low
SUPP 18	high	approved	Hein		high

Die Trennung zwischen Dokument und Datenbank hält die Dokumente lesbarer, weil diese nicht mit Informationen zu den Parametern überfrachtet werden. Gleichzeitig erhalten Projektbeteiligte mit der reinen Datenbanksicht eine kondensierte Information über das Projekt und können sich schneller die für sie relevanten Informationen herausfiltern, ohne hunderte Seiten von Text durcharbeiten zu müssen.

Beispiele aus der Praxis

Wir haben den *Rational Unified Process* als Leitfaden für das Anforderungsmanagement herangezogen und die entsprechenden Artefakte, die zu dieser Disziplin gehören, vorgestellt. Wenn Sie jetzt sagen, „Das ist für meine Projekte zu komplex“, oder, „Die Artefakte treffen nicht unsere Bedürfnisse“, dann möchten wir an Ihre Kreativität appellieren. Anforderungsmanagement lebt auch davon, auf die konkrete Situation von Projekten einzugehen und diese abzubilden. Halten Sie sich den *Requirements Management Plan* wieder vor Augen, indem Sie beschreiben, wie Anforderungsmanagement ganz individuell in Ihrem Projekt durchgeführt werden soll. Projekte lassen sich nicht über einen Kamm scheren, auch wenn es bestimmte Muster, wie das, das wir vorgestellt haben, gibt, die sich in vielen Situationen bewährt haben. Aus diesem Grunde möchten wir dieses Buch der Kompaktreihe mit zwei Beispielen abrunden, die Ihnen zeigen sollen, dass man auch spezielle Anforderungen an das Anforderungsmanagement realisieren kann.

Beispiel #1: Web-Spezifikationen

Vor dem Hintergrund der sterbenden *New Economy* haben wir u. a. bei Web-Agenturen beobachtet, dass eine gewisse Notwendigkeit besteht, den Kunden den Nutzen ihrer *Web-Site* zu dokumentieren, um die jeweilige Investition zu rechtfertigen. Weiterhin war oft durch die Dynamisierung der Web-Landschaft ein internes Umdenken bei den Beteiligten notwendig. Während heutzutage sehr interaktionsreiche *Web-Sites* gang und gäbe sind, über die auch teils relevante Geschäftsprozesse abgewickelt werden, herrscht von der Spezifikationsseite oft noch eine sehr statisch geprägte Denkweise in Form von *Sitemaps* (also Navigationsstrukturen) vor.

Mit der Einführung des Anforderungsmanagements wurden entsprechend zwei Ziele verfolgt:

- Extern: Der Kunde soll den Nutzen seines Produktes (Web-Site) von Anfang an bis zum *Produktlaunch* verfolgen können.
- Intern: Umstieg auf eine dynamisch geprägte Vorgehensweise.

Die Essenz des *Requirements Management Plan* ist in der nächsten Abbildung skizziert, die wichtigsten Überlegungen möchten wir im Folgenden wiedergeben:

- Die Vorgehensweise ist an den RUP angelehnt, allerdings fehlt die Aggregation der Kundenwünsche in Form eines *Stakeholder-Requests*-Reports. Stattdessen werden Aussagen in Meeting-Protokollen mit den relevanten Daten (u. a. Quelle, Priorität) als PROT-Anforderungen gesammelt.
- In der Vision (hier Projektvorhaben genannt) werden Ziele (GOAL) explizit herausgestellt. Die Kundenanforderungen aus den Protokollen werden mit diesen Zielen verlinkt, sodass der Kunde auf Wunsch einen Bericht erhalten kann, welche seiner Wünsche mit seinen Zielen korrespondieren.
- Gleichzeitig wird im Projektvorhaben eine High-Level-Feature(FEAT)-Liste beschrieben, die die vereinbarten Ziele erfüllt und mit den Wünschen in Einklang steht.
- Aus dem Projektvorhaben entwickelt sich eine dynamische Beschreibung der funktionalen Aspekte in Form von Use Cases (UC), sowie der nicht funktionalen Anforderungen (SUPP) in einem Technologiehandbuch.
- Die Use Cases werden einerseits für das Systemdesign (UML) verwendet, andererseits ergibt sich aus den dynamischen Abläufen die hierzu notwendige statische Struktur (NAV) in Form einer Navigationsstruktur.
- Die Navigation wird in Form hierarchischer Anforderungen (NAV 1: Home, NAV 1.1: Company, NAV 1.2: Jobs, NAV1.x: Investor Relations) abgebildet. Die Attribute zu diesem Anforderungstyp enthalten Informationen über die Komplexität der jeweiligen Web-Site (z. B. Anteil dynamischen Codes, Designaufwand, Textaufwand etc.) und dienen zur Schätzung des Gesamtaufwands.
- Eine grafische Darstellung der Navigationsstruktur wird automatisch als UML-Klassendiagramm erzeugt.
- Der Projektvertrag besteht aus den einzelnen, in der Grafik aggregierten Artefakten.

Kunden waren seit Beginn der Arbeit in der Lage, nachzuvollziehen, wie ihre Ziele im endgültigen Produkt abgebildet werden. Hierdurch wurde die externe Sichtbarkeit der Arbeit deutlich gestärkt und eine Übereinkunft bezüglich Zielen und Produkteigenschaften war sehr transparent.

Intern wurde insbesondere die Abkehr von der statischen Denkweise als positiv hervorgehoben. Ein Großteil des Aufwands, der

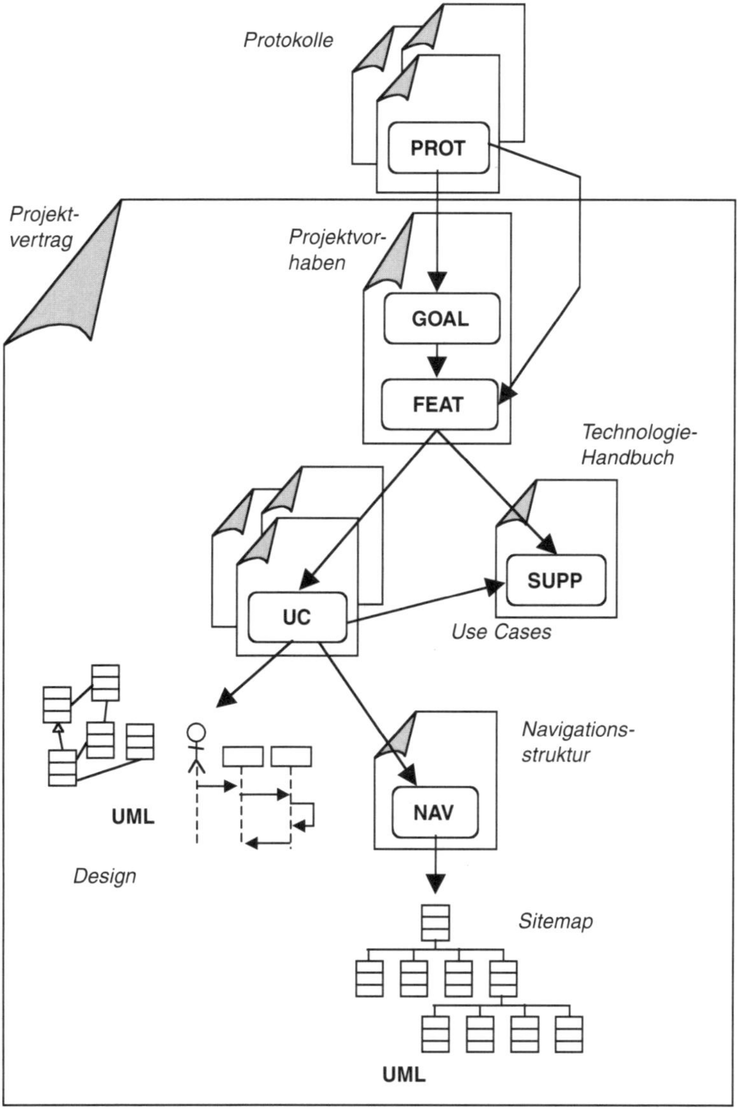
Protokolle
PROT
Projekt-
vertrag
Projektvor-
haben
GOAL
FEAT
Technologie-
Handbuch
SUPP
UC
Use Cases
Navigations-
struktur
NAV
UML
Design
Sitemap
UML

normalerweise in die Erarbeitung der statischen Struktur floss, konnte nun in die für die IT-Umsetzung viel wichtigere dynamische Sicht umgelenkt werden. Da die ursprüngliche Spezifikation der Sitemap sehr aufwendig (aber wenig relevant – außer zu Dokumentationszwecken) war, konnte hier ein *Quick Win* erzielt werden. Innerhalb kurzer Zeit konnte ein erheblicher Teil des Aufwands im Sinne aller Projektbeteiligten umgeschichtet werden.

Beispiel #2: Risikomanagement

Nicht zuletzt weil immer mehr IT-Projekte scheitern oder kurz davor stehen, sondern auch weil das Scheitern von Projekten ganze Unternehmen in den Ruin treiben kann, hat die IT-Branche das Wort **Risikomanagement** als ein neues Modewort entdeckt. Die einschlägige Literatur empfiehlt wie auch der Rational Unified Process, Risikomanagement als systematisches Verfahren in Projekten zu etablieren. Dennoch ist es für die Beteiligten häufig nicht ganz einfach, die Sammlung von Risiken und Maßnahmen gegen diese zu systematisieren, weil zwar die Verfahren bekannt sind, für eine routinierte und dauerhafte Durchführung aber entsprechende Werkzeuge notwendig sind.

Das brachte uns auf die Idee, in einigen Projekten Anforderungs- und Risikomanagement miteinander zu verheiraten. Denn nur wer seine Anforderung (er)kennt, kann effizient seine Risiken einschätzen und ggf. Maßnahmen gegen diese einleiten. Das Ziel: systematische Erfassung von Risiken und Maßnahmen mit der Möglichkeit, zusammenfassende Berichte mit den relevanten Daten zusammenzustellen.

Die folgende Abbildung skizziert das Requirements-Management-Informationsmodell, das wir verwendet haben.

- Im Anforderungsmanagementwerkzeug wird eine Liste offener Punkte (OI – *Open Issue*) geführt. Unter anderem können sich offene Punkte aus Anforderungen (eines beliebigen Typs) des Projekts ergeben.
- Neben der OI-Liste gibt es eine Liste mit Risiken (RISK). Risiken können sich direkt aus einer Anforderung ergeben oder aus einem offenen Punkt resultieren. Jedes Risiko wird bewertet (u. a. Priorität) und mit einer Strategie versehen, die dem Risiko

entgegen wirken soll (*Strategy*-Attribut, z. B. Akzeptieren, Mindern, Übertragen).
- Schließlich werden in einer Liste Maßnahmen (ACTION) definiert, mit denen einem Risiko begegnet werden soll.

Zu jedem Zeitpunkt des Projekts lässt sich eine Liste der offenen Punkte generieren (*Open Issue Log*), gleichzeitig ist es möglich, zu erfahren, wie viele ehemals offenen Punkte bereits geschlossen werden konnten. Als eine interessante Metrik konnte das Anwachsen bzw. der Abbau der Liste herangezogen werden.

Weiterhin war es möglich, zusammenfassende Berichte über die wichtigsten (oder alle) Risiken, mit ihren Auslösern und geplanten Gegenmaßnahmen automatisch zu generieren (*Risk Executive Summary*). Die Veränderung des Risikoprofils/Risikopotenzials diente als wichtige Metrik für Projektplanung und die Fortschrittskontrolle.

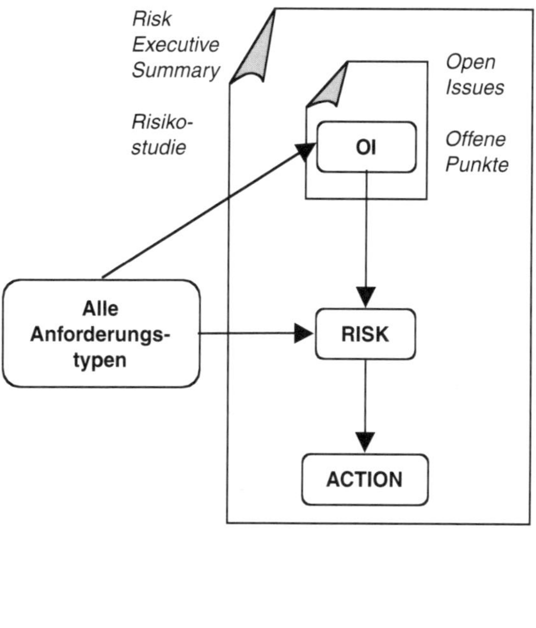

Literatur

Atlantic Systems Guild
http://www.systemsguild.com

Beck K.
Extreme Programming – Das Manifest, Addison-Wesley, 2000

Cockburn A.
Writing Effective Use Cases
Addison-Wesley, Professional, 2000

Dörnemann H.
Kapitel 13: Wissen ist Macht
in Versteegen G. (Hrsg.)
Softwaremanagement: Beherrschung des Lifecycles
Addison-Wesley, 2002

Dörnemann H.
Risk Management Made Practical / Werkzeugbasiertes Risikomanagement
Proceedings of the 13th IEEE Conference on Requirements Engineering 2002
Tagungsband zur CONQUEST 2002

Dörnemann H.
Quick Wins: Breaking Broader Goals down into SMART-Objectives
Rational Developer Network, 2002
www.rational.net

Heinold R., Salomon K., Versteegen G.
Änderungsmanagement bei Softwareprojekten
Springer Verlag, 2001

International Council on Requirements Engineering
Tools Survey: Requirements Management Tools
http://www.incose.org/tools/tooltax.html

Kruchten P.
The Rational Unified Process – An Introduction
Addison-Wesley, Object Technology Series, 2000

Leffingwell D., Widrig D., Yourdon E.
Managing Software Requirements: A Unified Approach
Addison-Wesley, Object Technology Series, 1999

Oberg R, Probasco, L., Ericcson M.
Applying Requirements Management With Use Cases
Rational Software White Paper, TP 505, 2000
www.rational.net/rupcenter

Object Management Group (OMG)
Software Process Engineering Metamodel (SPEM)
doc ad/01-03-08, April 2, 2001
http://cgi.omg.org/cgi-bin/doc?ad/01-03-08

Robertson S., Robertson J.
Mastering the Requirements Process
Addison-Wesley, Professional, 1999

Rupp C.
Requirements-Engineering
der Einsatz einer natürlichsprachlichen Methode bei der Ermittlung
und Qualitätsprüfung von Anforderungen
OBJEKTspektrum 02/2000, SIGS-Datacom

Index